勿使前辈之遗珍失于我手

勿使国术之精神止于我身

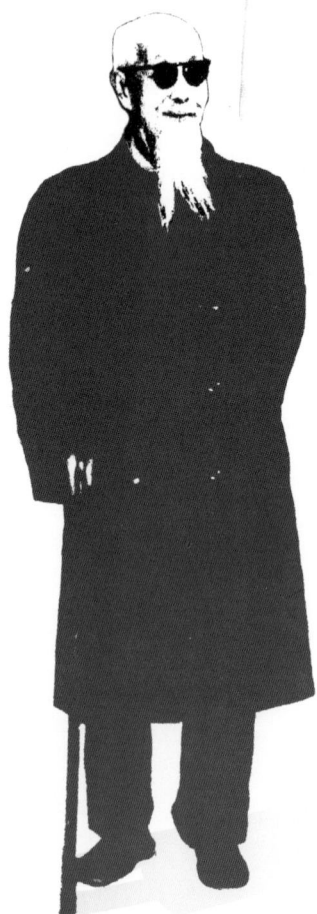

# 太极功集粹

吴图南　章学楷 ◎ 编著

徐德亮 敬题

北京科学技术出版社

**图书在版编目（CIP）数据**

太极功集粹 / 吴图南 , 章学楷编著 . — 北京 : 北京科学技术出版社 , 2024.3（2024.7 重印）
（百家功夫丛书）
ISBN 978-7-5714-3506-6

Ⅰ . ①太… Ⅱ . ①吴… ②章… Ⅲ . ①吴式太极拳—基本知识 Ⅳ . ① G852.11

中国国家版本馆 CIP 数据核字（2024）第 011195 号

策划编辑：胡志华
责任编辑：胡志华
责任校对：祝　文
图文制作：创世禧
责任印制：吕　越
出 版 人：曾庆宇
出版发行：北京科学技术出版社
社　　址：北京西直门南大街 16 号
邮政编码：100035
电　　话：0086-10-66135495（总编室）0086-10-66113227（发行部）
网　　址：www.bkydw.cn
印　　刷：三河市华骏印务包装有限公司
开　　本：710 mm×1000 mm　1/16
字　　数：220 千字
插　　页：8
印　　张：17
版　　次：2024 年 3 月第 1 版
印　　次：2024 年 7 月第 2 次印刷
ISBN 978-7-5714-3506-6

定　　价：109.00 元

# 前　言

　　吴图南先生是我国著名的武术家，尤以太极拳著称于世，被国内外誉为"太极泰斗"。先生自九岁入拳房，从师吴鑑泉、杨少侯先生学练太极拳达十二年之久，并从此投身于我国的武术事业当中。为了我国武术事业的建设和发展、人们的身体健康，他奉献出了毕生的精力。

　　如今先生离开我们已有三十多年了，但他那平易近人、慈善祥和的音容笑貌却深深地印在我们的心中。为了表达对先生的怀念之情，笔者在他生前的著作中，选录出部分有关太极拳的论述，其中包括吴图南先生的武学造诣和成就，太极拳运动的意义、锻炼方法、拳势名称解释及应用等。尤其是，"太极拳势说明"中所附的拳势套路照片，多为吴图南先生在 1974 年九十岁高龄时所拍摄，是非常珍贵的资料。

　　为了方便读者深入研究先生的武学造诣，本书收录的作品尽量保留原貌，仅根据原文主旨加以分类，必要处补拟标题、订正错字、修正标点。

　　吴图南先生亲授太极拳功夫的徒孙李琏先生听闻此书即将出版，热心提供了吴先生生前撰写的《太极拳用架序稿》，以为补充。笔者在此对李先生表示诚挚的谢意！

　　缅怀吴图南先生，我们要学习他的爱国精神，为了武术事业坚持不懈的精神和实事求是的科学态度。

章学楷

2023 年秋

# 吴图南先生与太极拳

先舅父吴公图南先生，蒙古族，博尔济吉特·乌拉罕氏，名乌拉布，冠汉姓吴，名荣培，字图南，北京人。自幼入私塾习读经史，九岁时身染重病，请当时太医院的李子裕医治。图南先生病愈后身体虚弱，李子裕大夫说："吃药以祛病，练功以养身。"也就是说，吃药虽然能治病，但是要使身体健康，必须要经常锻炼，建议送图南先生去练功房。那时候地方上有各种功房，如写字绘画的叫书画功房，练弓刀石的叫弓刀功房，练拳的叫拳房。家人就送他去了拳房。

拳房的老师是全佑先生，他的儿子鑑泉先生（1870—1942）教图南先生练太极拳。全佑先生（1834—1902），蒙古族，冠汉姓吴，北京人，曾任端郡王载漪护卫。全佑先生起初跟杨露蝉先生学练太极拳，后拜在露蝉之子杨班侯先生名下，传其子爱绅，字鑑泉。鑑泉先生以柔化见长，拳式动作灵巧细腻，沉静自然，为吴式太极拳的代表性人物。他所练的吴式太极拳与杨澄甫所练的杨式太极拳并驾其驱，是颇具社会影响的两大主要太极拳流派。

图南先生跟随鑑泉老师学拳八年后，经老师介绍，又拜杨少侯先生学习了四年。杨少侯先生（1862—1930）是杨露蝉之三子杨健侯先生（名鑑，号镜湖，人称三先生）之长子，是杨澄甫（1883—1936）之大哥。少侯先生七岁学拳，拳架小而快，善凌空劲。他性情刚强，教人好出手即发，有班侯之风，学者多不能受，故从学者稀，就这样，图南先生前后随两位老师学拳十二年。

图南先生在这十二年中又是怎样学习太极拳的呢？先生晚年时回忆说："过去练拳不像现在这样，一开始就摸鱼，那时候练拳是很苦的。一进拳房开始先练抻筋，叫我背靠着树，两只手反向抱着树干，把身体扳直。老师在前边用脚把我的一条腿钩住，树上有一个滑轮，滑轮上有一个皮兜兜住我另一条腿的脚后跟，往上拉，再把拉绳拴住，定住不动，逐渐练到脚趾拉到脑门。往后抻筋要把脚心拉贴到后脑勺上。这个罪真够受的，那时我做梦都害怕它。如此类推，什么下腰、踢腿、倒立和'铁板桥'，等等。一年多的时间，腰腿活动开了，筋也抻好了，才开始练拳。"

吴式太极拳的套路中有八十个基本式子，每个式子中包括若干姿势动作。如"揽雀尾"就分成六个动作，练习时要一个动作、一个动作去练，要一式一定，每一个动作要用六个呼吸的时间，一个拳式要练好几天。老师不断地纠正指点，练至达到老师的要求为止，然后再进行下一个拳式的练习。学练太极拳是有一套独具特色的教学程序和方法的，那就是先耗定式，再练连式，后学小架，最后教推手。

图南先生曾说：练打手就是推手，"推手"这个名字是传到上海后改叫的。练打手时先练单推手，两个人练到谁也别不住谁之后再练双推手。双推手由平推开始，而后立推，把这些路子推到纯熟后，两个人的身体逐渐往下矮，边往下矮边推，一直到身体能擦着地面去推，如同蛇一般前后左右回旋。实际上听起来容易，可练起来就难了。

不动步推手练成了，再练动步推手。不动步推手是正的，叫掤、捋、挤、按，是四个正方。动步推手是斜的，叫采、挒、肘、靠，是四个斜角。这当然不是绝对的，正与斜是相互转化的。老师教你时，他站在中央，身子一转，用手一采，你在外圈要随着紧跑，跑了多少步刚追到头，他一转身又回去了，你又得紧跑再追回去，练得满头大汗。后来他研究《易经》才知道，这就是"得其环中不支离"，但这个劲头是难掌握好的。练上几年的时间，也就是才练了个大概，这之后再开始练功。

练功首先要练松功，这松功可难练了，除了头颅之外，由脚趾、脚腕、膝盖、腰、两肩、上臂、小臂、手腕、手指至脖颈的七节颈椎全要松开，这么一练，差不多能把人给练散了。然后再练太极拳的三步功夫，第一步功夫叫着功。太极拳毕竟是武术，一招一式都是干什么用的，怎么使、怎么用。二百六十多个动作中的一招一式都得弄熟了，会使了，使用时要知道变化，所以要进一步下功夫去研究变化。第二步功夫叫劲功。什么是劲功呢？因为不尚着力，都是柔柔韧韧的，但这里边东西很多。等把劲功练完了，往下再练更难了。第三步功夫叫气功。图南先生说："我说的气功不是外边练的气功，我说的是太极拳里边的气功。它的练法可分两部分，一部分是运气，运气就是把气运到周身，想叫它到哪里它就到哪里。周身内外由五脏六腑到四肢百骸，无一处不能运气，身体也无一处不能打人。如果你不信可以试试，我用手指指你手心，你会感觉有气的。你也可以随便按我，往哪里按我，我哪里就会打你。另一部分是使气。既然能做到运气了，能使气出于你的身体之外，而又能到达对方的身体上去，然后使你的气跟对方的气沟通，两个人变成一个人，这个时候，气就可以运用自如了。你想叫他跪下他就跪下，你想叫他躺下他就躺下，他这个人就受你控制了。这个功夫很不好练，我前后练了十二年，十二年时间很长了。"

后来吴鑑泉先生又介绍图南先生跟杨少侯先生学拳。这位老师很厉害，连摔带打，跟他学拳，他一伸手，图南先生就来个后仰，又一下把图南先生撞到墙上去。图南先生家那时住的房子很大，有六扇风门，晚上要上门闩，门的两旁各有一个铁套环钉在柱子上，上门栓时把木栓横插进去。他印象最深的一次是，老师一撒手，他后腰正撞到门栓的铁环上，疼痛难忍。老师说："怎么啦！没志气。"他连忙说："有志气、有志气！"和老师学拳就得预备着摔打。练功时老师怕他偷懒，把四张油桌摆在一起，叫他钻到油桌底下去练，如同练太极拳着功里的"七寸靠"，它是个矮式，就是用自己的肩膀去靠对方小腿的外踝上七寸之处。图南先生说："差不多的老人都知道我那时受的许多罪。总之要把太极拳练好，除了要有真传外，你必须要有万夫不当之勇气，要有百折不回的毅力，否则必然功败垂成。"

图南先生在十五岁时入京师大学堂读书，学习艺科、文科。京师大学堂是中国近代最早的大学，北京大学的前身，建立于清光绪二十四年（1898）。杨少侯先生也曾在京师大学堂执教。图南先生毕业后又入医学实业馆学习医学，求学数年期间，太极拳的习练从未间断过。由于时代的变迁，他为了生活以教书为业，哪里邀请就到哪里去教书，执教过的学校有中法国立工学院（现上海理工大学）、国立中央大学（现南京大学）、西北联大、西北工学院（现西北工业大学）、国立西北联大法商学院、西北师范大学体育系等。

为了弄清太极拳的源流与发展，图南先生在教书的同时走遍了中国很多地方，调查取证，足涉陕西省的西安、宝鸡、秦岭，湖北省的武当山，河南省的嵩山少林寺、温县陈家沟，山西省的太原等地。先生曾查阅了大量史料文献，抱着实事求是的态度，以不冤枉古人、不欺骗今人、不欺骗后世的原则，客观地把历史的真相记录下来。先生说："张三丰所练的太极拳，往上溯源，跟唐代许宣平的三十七式大致相同，仅次序上有所颠倒。后来张三丰加上七个腿法，成了所谓张三丰发明太极拳的由来了。其实太极拳源远流长，张三丰只不过是集大成的一代宗师。总之南北朝之程灵洗，唐之许宣平、李道子、胡镜子，元之张三丰，明之王宗岳，清之蒋发、陈长兴、杨露蝉等，对太极拳都有承上启下、继往开来之功，都有发明创造，我们说他们是太极拳的宗师或祖师又有什么不妥呢？"

图南先生对我国武术事业的提倡和发展用尽了毕生的心血，他说："提倡国术之要旨，在能唤起民众，必须外用国术之锻炼，内晓仁义以尽其用。忠孝养成天性，报国出于至诚。故外有健康之体，内具高尚之德，穷则独善其身，达则兼善天下。"

他为了深入探索太极拳的科学原理，用心理学、生理学、物理学和逻辑学等科学方法分析太极拳。他用 X 射线拍摄自己练太极拳的一式一动，由此判断姿势是否符合生理解剖学中的正常状态。他认为，骨骼、关节、肌肉这三方面相互配合才能形成一个合理的姿势。凡是超出或是不符合这三个条件的，对人体结构、运动状态都不适宜。他把自己学练的太极拳加以整理，凡是不合适的动作，全都被校正过来，以使每个拳式中正、挺拔、自然、顺畅，使传统的太极拳符合科学的原理。1931 年由上海商务印书馆出版了图南先生的论著《科学化的国术太极拳》一书，为人们的健身活动贡献出一部完好的教材。

中国武术源远流长、博大精深，各门各派各有所长，图南先生在研究太极拳的同时，也涉猎多家拳术，包括器械等。先生是蒙古族人，蒙古族人讲究摔跤。他少林拳自得家传，又经吴鑑泉先生介绍拜于通背拳一代名师张秀林先生门下。

日本帝国主义发动了侵华战争，全国人民义愤填膺，同仇敌忾，中华儿女血染沙场，奋臂挥刀手刃顽敌。大敌当前，正在上海国立工学院任教的吴图南先生，系统研究了张三丰等前辈先师的刀法，以实用为目的，编订了一百零八式太极刀套路，以张三丰的道号"玄玄子"为名，定书名为《内家拳太极玄玄刀》，由上海商务印书馆 1934 年 4 月出版，9 月再版。

他在自序中说道：兹更应对时事之需要，赓续成此《内家拳太极玄玄刀》一书。大声疾呼，为国民倡。回忆淞沪之役，吾国大刀尝冲锋格斗，破阵杀敌！可见当此科学世界，吾国国术尚能别显身手。斯编行世，或可为杀敌雪耻，共赴国难之一助！

先生在同年随之又编著了《太极剑》一书，由上海商务印书馆于 1935 年出版。

1934 年秋，位于南京的中央国术馆国术体育专科学校成立，当时武术被称为国术。图南先生应邀去南京任教授，讲授国术理论和国术教育，科学化、系统化地培育武术方面的人才。他总结数十年来对我国武术的理论、实践，武术教育和武术建设等方面的研究成果，完成了武术论述《国术概论》，由商务印书馆出版发行。刘亚子先生为该书作序，其中谈道：吴君图南，当今国术大师也。国难发生之后先生以为复兴民族，必须唤起民众，挽救颓风，端赖尚武精神。于是大声疾呼，不遗余力。或发于文词，以资宣传。或以身作则，循循善导。以故先生足迹所至，备受欢迎。其门徒逐遍海内矣。然皆以义为心，以礼为行，以民族为前提，以救国为目的。先生近著《国术概论》一书，说理详明、议论中正，能言古人之所未言，能发时人之所未发，诚空前大作也。

抗日战争胜利后，图南先生回到了北京，应邀在北平艺专任教（当时北京叫北平），兼故宫博物院古陶瓷研究鉴定的专门委员，同时行医，但对武术的倡导、研究和教学始终坚持不懈。

1949年10月1日，毛泽东主席在天安门城楼上庄严宣告中华人民共和国成立。在党和人民政府的关怀下，图南先生被聘为首都博物馆研究员，参加了文物考察工作队。1953年，受到国务院总理周恩来的邀请出席了国庆招待会，并担任中国武术协会会员、北京市武术协会副主席，参加了国家体委（现国家体育总局）领导下的武术研究、整理和武术教材审定工作。

1956年5月，经国家批准，组织一批文物考古学家发掘明十三陵的定陵，即明万历皇帝的陵墓，图南先生有幸参与其中。

1959年，在第一届全国运动会上，图南先生担任太极拳比赛的裁判长。他沥尽心血撰写了《太极拳之研究》《太极拳发展史》《太极拳气功》等书稿，惜未曾出版就被毁于"文革"之中。

1966年，图南先生受到了"文革"的冲击而被抄了家。在非常困难的条件下，他每天坚持到北京天文馆的院子中教太极拳，先后慕名而来的从学者数以百计。党的十一届三中全会后，党和政府给图南先生彻底平反，落实政策、恢复名誉和工作。1978年，北京市文史研究馆聘请图南先生和夫人刘桂贞女士（画家）为馆员，分配给他一套三居室的楼房。图南先生说："感谢党和政府的关怀，现在需要房子的人很多，我们只要两居就够了，三居室留给别人吧。"

先生此时已是耄耋之年，但他仍然坚持每天早上六点、晚上九点打太极拳。图南先生说："生命在于运动，一个人始终坐在屋子里不出去活动是不行的。活动的方法很多，许多体育项目都是很好的，但我还是提倡打太极拳。因为太极拳简单易学，优点很多。首先，它是一种缓慢的运动，练太极拳时排除杂念，周身放松去运动，跟休息一样。其次，太极拳是本乎人生天然优美的发育、顺乎先天机能自然的程序，使练者全身得到充分的发展而一生永葆健康。练太极拳能使人无一处不轻灵、无一处不坚韧、无一处不沉着、无一处不顺遂，这就是我们锻炼的目标。"

他住在九楼，却时常不乘电梯，徒步上下楼。医生给他进行了一次体检，说他的身体和运动员一样健康。为此，图南先生被评选为北京市"健康老人"。

先生在谈及保持身体健康的经验时说："有些人看来格外有精神，另外有些人没有神气，这是为什么呢？下面我谈谈精、气和神的问题。精这里指的不是生理上的精，而是指五谷精微的精，它是营养周身的东西；气是指呼吸之气和气通周身的气。这两种东西融合到一起所产生的光芒就是神。也可以说精和气是物质，二者结合产生神，要特别注意保存它，不要把神消耗掉。养其根而俟其实，加其膏而希其光。根之茂者其实遂，膏之沃者其光晔。神只有全了，才能照顾你的一身。注意存神是健康长寿的要旨。

"另外要注意的是情绪和休养问题。昔时黄帝问广成子何道可以长生，广成子回答说：'务静务清、勿劳尔形、勿摇尔精、固其宅舍、守其命门，乃可长生。'我想谈谈'勿摇尔精'的问题。欧阳修说过：

'有动乎中，必摇其精。'一个人在那里胡思乱想，想这个又想那个，今天想升官，明天想发财，这些都是'摇其精'。但是并不是叫一个人不要进取了，进取与妄想是两件事，'而况思其力之所不及，忧其智之所不能'，你老想做不到的事必然苦恼，所以不要在那些事上兜圈子。孔子很好学，买了只雁去看老子，老子跟他说：'良贾深藏若虚，君子圣德，容貌若愚。'说，好的商家你进去一看好像没什么东西，但是后柜却存货甚丰。说，君子好像很糊涂，其实很聪明。还批评了孔子一顿说：'去子之骄气与多欲，态色与淫志，是皆无益于子之身也。'说，你丢官回来骄气还很盛，'吾所以告子，若事而已'，我告诉你的就是这些。这些都是情绪和休养问题。我们的情绪要注意，心情经常保持乐观，就没有烦恼了，没有烦恼，心情舒畅，则百病不生了。"

此时先生觉得有很多事情还等着他去做，希望能够多活在世上一天，为社会多做些贡献。他把能够活到一百岁作为第一个目标，从而研究养生长寿的方法。

图南先生说："我想一个人在四五十岁学识正渊博的时候，忽然间夭折了，不仅是个人损失，也是国家的损失。尤其是现在中国搞四化，要用很多人才，可是有些人没到岁数就死了，这不是很可惜吗？另外假如你学识很好，但是身体很弱，不能够服务于社会，这岂不是很大损失吗？我所研究的太极拳与长寿学，就是研究如何使人的衰老推迟一下，推迟到什么程度？就是推迟到尽其天年，到时候你的五脏六腑都不动了，这才算完结。我还有个设想，就是你临危的前一秒钟，还要头脑清醒，四肢百骸还要动转自如，到时候说完了，就此告别，不要歪鼻子、咧着嘴，半身不遂。这是我的设想，究竟是否如此，我现在还不能答复。因为我还活着，非到我生命的最后一秒钟我才能知道。但到了那时候就算我知道，可是恐怕也说不出来了，只有待于将来大家再追忆此事吧。

"由于我提倡长寿学，全国各地都搞起来了，有专写长寿学的，如天津市创办了《长寿》杂志等。目前世界各地都在研究长寿，但他们所研究的长寿，大多局限于能够看见的东西，而对于心灵美的东西、精神上的东西这些内在看不见的东西，则不如太极拳的锻炼所产生的效果好。我认为太极拳这种锻炼形式是最完美的、最完善的。"

　　图南先生以我国古代医学中的脏象学说为基础，结合导引之术、按摩之术和经络学说，联系到太极拳的理论和实践，总结出锻炼身心内外的一整套理论和方法——"内脏修补术"，作为养生长寿的方法之一。

　　进入 20 世纪 80 年代，吴图南先生仍担负着很多工作。他是北京市文史研究馆馆员、中国武术协会会员、北京市武术协会副主席；还应邀去参加国内重要的考古文物等考察工作，"马王堆汉墓""秦始皇兵马俑"等处都有先生的足迹。他应邀在北京外国语学院（今北京外国语大学）、北京中医学院（今北京中医药大学）等院校及文史馆讲授长寿学和太极拳。1984 年，由图南先生口述，他的徒弟马有清先生笔录整理，商务印书馆香港分馆出版了《太极拳之研究》一书。图南先生在序言中写道："近接国内外太极拳爱好者函请再有所著述，以先睹为快。予因工作太忙，故商之予之门生马有清君，将予数十年来有关养生长寿与太极拳之报告，以及日常所讲授之资料，融会贯通，陆续整理，分期出版。"

　　北京市武术协会原主席李光先生为该书作序，序中谈道："中国武术已经成为人们增强体质和健美抗衰的重要手段。尤其是中老年人，练习武术太极拳，可以帮助他们祛病延年，达到健康长寿的目的。中国武术太极拳，将在人类生活里发放出它的光辉异彩。中国著名太极拳家、中国武术协会会员、北京市武术协会副主席吴图南先生，是中国武术太极拳科学化、实用化的奠基人。吴图南先生的太极拳造诣极深，是中国当代首位太极拳家，誉满中国和全世界。吴老先生今年九十八岁高龄，仍然身体健康、耳聪目明、鹤发童颜、步履轻健，不愧是太极拳的泰斗、武术界之寿星。吴图南先生对太极拳的精辟论述，可称是言简意赅，这本书将对太极拳运动起到正本清源的作用。"

北京市武术协会原副主席、北京医学院（今北京大学医学部）体育教研室主任刘世明教授也在该书中谈道："吴老先生的太极拳，在基本价值和意义方面我看有两个。一个在技击方面，吴老先生在严格认真继承太极拳的基础上，又总结各家拳术的优点，又用太极拳把它升华出来。他在推手里表面上看也是那么几个动作，实际上是变化多端，就拿一个圆圈来说是三百六十度，但是每一度里面又含有三百六十度，以此类推。从宏观到微观，太极拳真正的奥妙就寄寓在这里边。吴老先生太极拳技击，他的凌空劲是负有盛名的。凌空劲就是还没有接触到他，他的气已经到了你身上，你迷迷糊糊就跌倒了。另一方面在保健上，从健身、医疗到长寿学等方面，吴老先生又提高发展了一步。他提倡和研究科学的太极拳，把太极拳的精华用到实际方面去，他在这方面也积累了不少经验。有个实例，我曾经给吴老先生介绍过一位肝炎病号，经化验病人的 GPT 显示已经超出很高。但到了吴老先生那里，没到两个月完全好了。就是跟他练太极拳治好的。当然你也练太极拳，我也练太极拳，从外形上看似乎好像完全一样。但是吴老先生告诉你的那个太极拳，所产生的效率却不一样。太极拳真正的奥妙既要言传更要身教。真正太极拳的内容现在一般人都不知道，吴老先生谈的才是正宗。他毫无保留的做了介绍，是非常重要的，是非常宝贵的。"

1983 年，吴图南先生为中国书店出版社编审了约百万字的"中国传统武术丛书"，影印出版了包括《武术汇宗》《太极拳选编》《国术概论》《形意拳术诀微》《武当拳术秘诀》《形意母拳》《曹氏八卦掌谱》《科学的内功拳》《形意五行拳图说》《六合弹腿图说》《教门弹腿图说》《十路弹腿》《大洪拳》《少林拳术秘诀》《少林正宗练步拳》

《六通短打图说》《通背拳法》《青萍剑》《擒拿法真传秘诀》《罗汉拳图影》《石头拳术秘诀》《昆吾剑》《七星剑》《剑法图说》《太极拳学》《太极拳》《陈氏太极拳汇宗》《八卦剑学》《拳意述真》《八卦拳学》等若干种图书。先生在这套丛书的前言中说："一九八三年夏，北京中国书店言明拟复制出版"中国传统武术丛书"一事。予甚表赞同，因将故有名旧武术书中，选出其理论明确者若干本，拟先后陆续出版，以供全国武术爱好者之参考。予以为此举对于文化遗产之搜集、对于人民体质之增强、对于增加工作之能力，应有裨益也，故乐为之介绍。"

1984 年 2 月 23 日，吴图南先生实现了他的夙愿，迎来了百岁大寿。时任国家体委副主任、中国武术协会主席徐才，国务院民族事务委员会（今国家民族事务委员会）、中共中央统一战线工作部的领导，北京市副市长孙孚凌等前来为他祝寿，北京市体育运动协会授予他"武术之光"的锦旗。

1984 年 4 月，图南先生出席了我国举办的武汉国际太极拳（剑）表演观摩大会，并在会上做了拳式和推手等表演。1985 年，出席了中日太极拳交流大会。同年 11 月 16 日，在人民大会堂参加了祝贺全国"健康老人"大会，被授予"健康老人"证书。1987 年，出席了第一届全国武术学术论文研讨会。1988 年，吴图南先生应国内外太极拳爱好者之要求，商之于人民体育出版社，将他的早年出版的太极拳及武术方面等著作重版付印。先生在自序中说："余自九岁始，即开始学练太极拳，至今将有百年，未曾间断，故身体精神，仍如壮年，实为练太极拳之功也。"

斯时年已百旬开外的吴图南先生，仍然是头脑清晰、思维敏捷、事过不忘，早年所读之书仍能倒背如流，精神充足、生活自理。他在饮食方面是鸡、鸭、鱼、肉、蛋、糖等全都不忌，肥肉也吃，想吃什么就吃什么。早晨锻炼后，喝一碗牛奶，吃两个鸡蛋，中饭和晚饭以肉食为主，粮食和蔬菜吃得少，每天几乎要吃一斤肉。喝中国质量上乘的白酒，但每次只喝一小盅，抽关东烟，喝酽茶。

图南先生和他的夫人刘桂贞女士相依为命，互相照顾，对自己的晚年生活十分乐观。他说："人到尽其天年之前一秒钟仍能头脑清晰、四肢运动自如，有健康之身体，有充足之精神，就更要以此来为社会多做些贡献。"

1989年1月10日，著名武术家，中国武术太极拳科学化、实用化的奠基人，誉满国内外的太极拳泰斗吴图南先生在北京逝世，无疾而终，享年一百零五岁。《人民日报》发表了先生逝世的讣告，成立了吴图南先生治丧办公室，1989年1月18日上午10时，在八宝山革命公墓隆重地举行了吴图南先生遗体告别仪式，骨灰被安葬在北京万安公墓。

图南先生拥护中国共产党，热爱社会主义，关心国家建设事业和人民身体健康。先生性格豁达开朗，气度高雅，诚信待人，和蔼可亲，是备受大家尊敬的德高望重的一代武学宗师。

章学楷

# 目 录

# 国术与太极拳概论

# 《国术概论》自序 ①

民国十七年（1928），中央举行国考之后，著者以为国术之本身，缺乏中心理论，与夫相当之整理。于是公余之暇，一方面从事于理论之著述，一方面致力于分类之整理。前曾先后著成《科学化的国术太极拳》《内家拳太极功玄玄刀》《太极剑》等书，均在上海商务印书馆出版。谬承海内同道，谓于分类整理，不无微功。

廿二年（1933）秋，中央国体专校成立之初，该校聘予为国术理论教授，予乃就平日发表对于国术之主张，与夫廿余年来研究之管见，分为次第，编成讲义，名之曰《国术概论》，用启后学。已而各地学校相与效尤，均沿用之。《国术概论》之名称，遂成为今日科学上名辞矣！亦著者中心理论主张之实现也夫！

然而数年以来，各地传习，增删数次，今年岁首，而稿始定。其中范围，虽属广泛，要为概论，自难周详（另有概论详解，正在整理中）。予著此书，聊作抛砖引玉之意而已！

当今提倡国术之要旨，在能唤起民众，及改造国民心理之建设。语曰："民为邦本，本固邦宁。"是以一般民众，必须外用国术，锻炼其体；内晓仁义，以尽其用。久而久之，忠孝成天性，报国出于至诚。他如当仁不让，见义勇为，竟成余事。所谓中心理论既明，心理建设已成，道德存乎中，光华行于外，转移习俗，复兴民族，孰有优于此者？此著者之所以舍去生平所学，专事于国术之提倡者也。虽然，仁者见仁，智者见智，爱国之道不一，各行其所好而已！

后之学者，倘能尽心一读此书，玩索而探讨之，或因是书，而别

---

① 标题为补拟。

有心得，虽不足以经邦济世，然于国家化民成俗之意，学者修己治人之方，则未必无小补焉！是为序。

中华民国二十五年（1936），元旦，北平吴图南序于南京。

# 国术之名称与意义

国术之名称，本由中国武术简称而来。考其来源，曾经几许之变迁，始称拳勇，春秋称武艺，战国称技击，汉称技巧，明、清称技勇，民初称武术，民十六年（1927）之后，始称国术。此历代名称之大略，即国术名称之所由始也。

其意义，除包括拳术、器械之外，当以修德养性为唯一之目的。至于养成勇敢奋斗、团结御侮之精神，培养雄伟侠烈之风气，发扬民族固有之技能，创造新中华民族，皆自修德养性之中相演而生。否则，好勇斗狠，于世无济。对于国家，非徒无益，而又害之。胡为而提倡哉？

故外有健全之体，内具高尚之德，穷则独善其身，达则兼善天下。回顾我国数千年光明之历史，煜煜之文化，忠孝节义豪侠魁奇之士，层出不穷者，国术倡导之功至多焉！

民十六（1927）以还，全国统一，国基新立。国府鉴于民族衰弱，欲挽救颓风，非提倡中国固有之武术，不足以恢复道德，复兴民族。乃创设中央国术馆于首都，设立中华武术协会于上海，风声所树，海内景从。分馆林立，会社丛生。举国之人，莫不以尚武为乐，节烈为荣。以故淞沪之役、喜峰之战，虽我科学落后，火器不精。而十万横磨，大刀有队，冲锋格斗，破阵杀贼，以头颅易正义，用热血抗强权，足使强敌大生戒心，不致长驱直入，如入无人之境者，国术之为功，岂浅鲜哉！可见酣战之际，肉迫交绥，亦恒赖乎白刃。孰谓国术不能用于现世耶？

虽然，国术之功用有如此，今后提倡之道，宜如何能尽美尽善？著者以为，集中全国国术人才为第一要义。用科学之方法，将国术先行统一。然后或创造新国术，或因固有之国术，加以整理，均为当今之急务。兹先言其创造新国术之方法。无论其为内家、外家、南派、北派，取其晶英，去其糟粕，复能加意陶冶，融会贯通。成功一种有组织、有系统、有原理、有方法之新国术。于吾国国术史上，别辟一新纪元。此创造新国术之方法如此也。

至若就整理固有之国术而言，应先从研究入手。分析各种门类之异同，究其来源，考其特征，归纳其源同而特征相类似者，共有若干种，然后详细审查，定为系统。系统既定，再用科学之方法，加以研究。则某种有益于身心，某种合乎生理之程序，某种有碍于卫生，某种背乎科学之原理。优劣既分，取舍亦易。更就较优之门类，而其性质相同者，依其动作之繁简，编为次第，拟订教材。则某者适合于学校，某者适合于军警，某者适合于民众。标准即彰，条理分明。于是整个有系统、有意义之国术出焉。使学者有门径之可入，有规律之可循。其便利为如何哉？此整理国有固有国术之方法，大致如此也。

夫新国术既出，固有之国术，亦经相当之整理。然后依各地习尚之不同，详加改善，分区实验。使得于体育上，占一重要地位，成为真美善之体育活动。推而广之，渐及于全世界、全人类，岂不伟欤！奈何今之精于国术者，或守秘密而不公开，或拘成法而不改进，徒使优美之国术，不能发扬光大之，可不惜哉！

况国术无系统，则身体各部，不能平均发育；无意义，则动作之理会，颇感困难。是以初学国术者，知动手，不能同时动足，知动手足，又不能同时动腰与肩臂。故动作之程序，必须系统一贯，井然不紊。方能收由脚而腿而腰，进退得体，由手而臂而肩，动转自如之效。至就动作之理会而言，则何为举手动足乎？何为东一捶、西一掌乎？何为俯仰蹲伏偃卧乎？变态百出，捉摸无从。此皆动作编列，缺乏意义之咎者也。

故国术有系统，则易学习；有意义，即无须强记。有系统，全体各部平均发育；有意义，不至有无意识之伸缩矣。

然则提倡国术必须有系统与意义也明矣，而其最低之限度，必使学者，能本乎人生天然优美之发育，顺乎自然之能力，使全体得充分之发展，谋一生永久之健康。然后运用机能，适应环境。无论劳心与劳力，均感舒适之乐。再能以德为心，以体为行。果能持之以恒，自能在乡间为安善之民，入社会为忠勇之士。转移习俗，复兴民族，孰有优于此者。要之，亦在人之善用之耳！

倘自今以往，政府倡导于上，人民发奋于下。自强不息，一德一心，群策群力，贯彻始终。扫除以往偷惰之陋习，共为国术之运动。则国民之身体与精神，俱臻于健全之地位。恢复民族固有之道德与技能，创造伟大之建设与事业，自有成功之希望。西人称吾国为睡狮，殆将一吼而跃起矣！国术之名称与意义如此夫！

# 太极拳史略

太极拳发生很早。追溯其源，早在中国古代医药发明之前，人得了疾病只有用导引、按摩之术治病，其后历代的医学家、养生学家在研究健体却病、益寿延年时，不断地把经验汇集起来，纳入为拳术运动，太极拳也是这样产生的。

据文献记载，在我国南北朝时，南朝的梁、陈期间，有新安海宁人程灵洗（513—568），字玄涤，生于梁武帝天监十二年（513），少以勇力闻。他习练太极拳，受教于韩拱月先生。步行日二百余里，便骑善游，素为乡里招募少年练习拳术、逐捕劫盗。侯景之乱，灵洗聚徒据黟、歙二县，景不敢犯，二县得以保全。梁元帝授以新安太守。卒于陈废帝光大二年（568），五十五岁，赠镇西将军，升府仪同三司，谥曰忠壮。

自程灵洗之后，太极拳经数代相传至程家后人程珌（字怀古，宋绍熙进士，累官至礼部尚书，端明殿大学士，进封新安郡候，致仕）。珌家居时，常平籴以济人，凡有利于民众者，必尽心焉。程珌读书很多，研究《易经》很透彻，他说太极拳在他祖先程灵洗之前早已有，还说程灵洗是跟韩拱月学的。但可惜记载中查不出韩拱月这个人，至于韩拱月又是跟谁学的就不清楚了。

程珌这一支系在安徽省歙县地方流传甚广，他著有《洺水集》一书，以先世居洺水，因自号洺水遗民。程珌自练太极拳之后，他认为当时的太极拳使用肘部的地方少，遂增加了十五个用肘的方法。因为他是研究《易经》的，故名为小九天法，在宋版的《洺水集》里有记载。程珌还写过三篇《周易》的讲解，包括《周易》《连山》和《归藏》。小九天法名目列后：

1. 七星八步　　2. 开天门　　3. 什锦背　　4. 提手

5. 卧虎跳涧　　6. 单鞭　　7. 射雁　　8. 穿梭

9. 白鹤升空　　10. 大裆捶　　11. 小裆捶　　12. 叶里花

13. 猴顶出　　14. 揽雀尾　　15. 八方掌

以上十五式皆韩先师之所传也。其用功之要，则在超以象外，得其环中，人不知我，我独知人。至其要诀，则有《用功五志》《四性归原歌》等。

许宣平，唐徽州歙县人，景云（710）中隐莒州城阳山南坞，即本府城南紫阳山，结庵以居。身长七尺六寸，髯长至脐，发长至足，行及奔马。每负薪于市中贩卖，独吟曰："负薪朝出卖，沽酒日夕归。借问家何处？穿云入翠微。"李白东游至新安，累访之不得，题诗望仙桥而去。

所传太极拳名三十七，因有三十七势而名之，又名长拳，因其滔滔无间也。总名太极拳三十七势。数百年后，传至宋远桥，至其拳势之名目，与今太极拳大同小异，兹列之于下：

1. 四正　　2. 四隅　　3. 云手　　4. 弯弓射雁

5. 挥琵琶　　6. 进搬拦　　7. 簸箕式　　8. 凤凰展翅

9. 雀起尾　　10. 单鞭　　11. 上提手　　12. 倒撵猴头

13. 搂膝拗步　　14. 肘下捶　　15. 转身蹬脚　　16. 上步栽捶

17. 斜飞式　　18. 双鞭　　19. 翻身搬拦　　20. 玉女穿梭

21. 七星八步　　22. 高探马　　23. 单摆莲　　24. 上跨虎

25. 九宫步　　26. 揽雀尾　　27. 山通背　　28. 海底珍珠

29. 弹指　　30. 摆莲转身　　31. 指点捶　　32. 双摆莲

33. 金鸡独立　　34. 泰山生花　　35. 野马分鬃　　36. 如封似闭

37. 左右分脚　　38. 挂树踢脚　　39. 推展　　40. 二起脚

41. 抱虎归山　　42. 十字摆莲

以上四十二势，除四正、四隅、九宫步、七星八步、双摆莲五势之外，其余三十七势是许先师所传。此势应一势练成，再练一势，万不可心急齐用。无论何势先，何势后，只要一势用成，三十七势自然化为相继不断也。至其传授心法，有《八字歌》《心会论》《周身大用论》《关要论》《用功歌》等。

李道子，唐江南安庆人氏，尝居武当山南岩宫，不食火食，第啖麦麸数合而矣。时人称为夫子李，又称之曰"麸子李"。

所传太极拳名先天拳，亦名长拳。有俞氏者，江南宁国府泾县人也。得先生真传，亦如三十七势，世世相传，未尝中断，如宋之俞清慧、俞一诚，明之俞莲舟等最著也。其锻炼主旨在尽性立命，而进功之阶，始于无形无象，继之全身透空，终于应物自然。名为先天，洵非虚语，盖已失传久矣。

胡镜子，不知其姓氏，在扬州自称之名也。所练之太极拳，名后天法，传业于宋仲殊，再传于殷利亨，兹将后天法名目列后：

1. 阴肘　　　2. 阳肘　　　3. 遮阴肘　　　4. 肘里枪
5. 肘开花　　6. 八方捶　　7. 阴五掌　　　8. 单提肘
9. 双鞭肘　　10. 卧虎肘　　11. 云飞肘　　12. 研磨肘
13. 山通肘　　14. 两膝肘　　15. 一膝肘

以上十五势，虽用肘之法居多，势法名目不同，而其功用则一也。

张三丰先生，名通，字全一，又名君实。先世为江西龙虎山人。祖父裕贤公，携本支眷属徙迁到辽东懿州。父名居仁，又名昌，字子安，号白山。元太宗收召人才，分三科取士，子安赴试，策论科入选，然性素恬淡，无意仕官，终其身于林下。母亲林太夫人，于元定宗丁未年（1247）夏四月初九日子时诞下先师。

三丰先师，风姿奇异，幼学儒业，精于经史，博览古今，过目便晓，并能会通大意。中统元年（1260），举茂才异等，二年（1261）称文学才识，列名上闻，以备擢用。至元甲子（1264）秋先生游于燕京，相识平章政事廉公希宪。廉公很赏识先生的才学，奏补中山博陵县令，遂为官。但这并不是他的夙愿，先生对名利很淡泊。有感于历代之兴衰，无意仕途，他说："一官萧散，颇同勾漏。"做官的一旦丢职，如同计时的漏水一样，漏下去就没有了。做了一年的官遂绝仕进意，回归辽东。

三丰先生辞官回辽东后，他的父母亲相继去世。他制居守孝三载后，把田产分给了族人，嘱咐代为扫墓。乃束装出游，带两个行童相随，北抵燕赵，东至齐鲁，南游韩魏，往来名山古刹，吟咏闲观，且行且住，如是者几三十年均无所遇。元贞初年（1295），西游秦陇，走褒斜，度陈仓，见宝鸡山泽幽邃而清，中有三尖山，三峰挺秀，仓润可喜，因就居于此，自号三丰居士。

延佑元年（1314），先生已经六十七岁了，两个行童都已先后去世，资斧也已用尽，行至华山病倒于途中。幸遇火龙真人贾得昇相救，并带到观中传授养生长寿之道，叫他学练拳术。火龙真人的老师是扶摇子希夷先生，就是专门研究太极学说的陈抟老祖。三丰先生在观中所习练之拳术，就是太极拳。先生潜心修炼历时四载，遂更名玄素，一名玄化，合号玄玄子，别号昆阳。

泰定甲子（1324）春，三丰先生南至武当山，居玉虚宫，调神九载，而道始成。道教的宗教哲学是以养生长寿为主，以防御击技为辅。道教中讲究，欲大成者则化功也，欲小成者则武事也。此时三丰先生之太极拳已臻上境，他精研少林拳术，复而翻之，以柔化而克刚猛，以静而制动，以慢而胜快，以寡而御众，他说违反了这四个原则就不是太极拳了。张三丰是承古人太极拳术之集大成者、开拓者，太极拳之中兴者大宗师。

后三丰先生离武当，隐显遨游数载，至正初年（1341）回辽东省墓，复游燕京，住京西之白云观。后游吴越，侨居金陵，至正十九年（1359）还秦，居宝鸡金台观，又二年乃结庵于太和，人视为邋遢道人。明洪武十七年（1384）、永乐四年（1406）昭访先生不得，天顺三年（1459）明英宗赐诰，赠为通微显化真人，终莫测其存亡。

张三丰先生弟子甚多，先生的大成之道，世称为武当道派。从明代开始，入武当修炼的各派道士都自称武当道，都以张三丰为祖师。先生的内家拳术太极拳，早已传遍到海内外了。

张三丰《太极拳论》曰：

一举动，周身俱要轻灵，犹须贯串。气宜鼓荡，神宜内敛，无使有缺陷处，无使有凹凸处，无使有断续处。其根在脚，发于腿，主宰于腰，形于手指。由脚而腿而腰总要完整一气。向前后退，乃能得机得势。有不得机得势处，身便散乱，其病必于腰腿求之。上下前后左右皆然。凡此皆是意，不在外面。有上既有下，有前既有后，有左既有右。如意要向上，即寓下意。若将物掀起，而加以挫之之意，斯其根自断，乃坏之速而无疑。

虚实宜分清楚，一处自有一处虚实，处处总此一虚实。周身节节贯串，无令丝毫间断耳。

张三丰之后，有王宗者，他是西安人，因面对华山，故号宗岳。我去西安、宝鸡进行调查时，当地民间百姓传说和文人墨客的谈论，都提到张三丰之后，有个西安人叫王宗的，号宗岳，是个读书人，喜欢游山玩水。他到宝鸡金台观跟一位道士学太极拳，这位道士是张三丰的徒弟。故有些记载说："张三丰之后有王宗者。"我到过宝鸡好几次，看到那里的道士全会练太极拳，但是由什么时候，又由哪位道士传给王宗岳，因为观里没有记载可查，至今仍是个空白，有待后人研究考证了。但确信王宗岳是一位博览古今的饱学之士，而且对张三丰所传留下来的太极拳练得很好。

王渔洋先生说："拳勇之技，少林为外家，武当张三丰为内家。"

王宗岳者，得先师真传，名闻宇内。据文献记载，说他"习内家拳法在当时为最者"。著作甚多，于太极拳中之奥理阐发无遗，诚可谓经纬之才也。他写了很多有关太极拳的文章，但是现存的不过常见的那几篇，如《太极拳论》《行功心解》《十三势歌》等。后温州陈州同、河南蒋发等所传之太极拳，即三丰先师之十三势也。

王宗岳以后，太极拳自山、陕传入温州浙东之地。明景孝间，有温州陈州同者学太极拳，为王宗岳所传，教习乡里，能者日众，形成南派。明嘉靖间，有海盐张松溪者，南派中最为著名，松溪之徒三四人，而四明（四明山，浙江省宁波市西南）叶继美近泉为之魁，于是流传于四明。四明得近泉者为吴昆山、周云泉、单思南、陈贞石、孙继槎，皆各有授受。昆山传李天目、徐岱岳。天目传余波仲、吴七郎、陈茂宏。云泉传卢绍岐。贞石传董扶与、夏枝溪。继槎传柴元明、姚石门、僧耳、僧尾。思南传王征南，名来咸。

《清史稿·列传·卷二百九十二》载：

王来咸，字征南，浙东鄞县人。先世居奉化，自祖父居鄞，至来咸徙同岙，从同里单思南受内家拳法。内家者，起于宋武当道士张三峰，其法以静制动，应手即仆，与少林之主于搏人者异，故别少林为外家。后流传于秦、晋间，至明中叶，王宗岳为最著，温州陈州同受之，遂流传于温州。嘉靖间，张松溪最著，松溪之徒三四人，宁波叶继美为魁，遂流传于宁波。得继美之传者，曰吴昆山、周云泉、陈贞石、孙继槎及思南，各有授受。思南从征关白，归老于家，以术教，颇惜其精微。来咸从楼上穴板窥之，得其梗概。以银卮易美樻奉思南，始尽以不传者传之。

来咸为人机警，不露圭角，非遇甚困不发。凡搏人皆以其穴，死穴、晕穴、哑穴，一切如铜人图法。有恶少侮之，为所击，数日不溺，谢过，乃得如故。牧童窃学其法，击伴侣，立死。视之，曰："此晕穴。"不久果甦。任侠，尝为人报仇，有致金以仇其弟者，绝之，曰："此以禽兽待我也！"明末，尝入伍为把总，从钱肃乐起兵浙东，事败，隐居于家。慕其艺者多通殷勤，皆不顾，隐居于家，锄地担粪，安于食贫。未尝读书，与士大夫谈论蕴籍，不知为粗人。黄宗羲与之游，同入天童，僧少焰有膂力，四五人不能掣其手，稍近来咸，蹶然负痛。来咸尝曰："今人以内家无可炫耀，于是以外家羼之，此学行衰矣！"因为宗羲论述其学源流。康熙八年，来咸卒，年五十三岁。宗羲亲为之作墓志。宗羲之子黄百家，字主一，从学之。将征南之拳法笔之于书，演其说为《内家拳法》一卷，百家后无所传焉。

黄宗羲甚器之。宗羲（1610—1695），浙江余姚人，字太冲，号南雷，明清之际思想家、文学家，学者称梨洲先生，主要著作有《宋元学案》《南雷文案》等数十种。

百家之后，始传至甘凤池，据《清史稿·列传·卷二百九十二》载：

甘凤池，江南江宁人，少以勇闻，康熙中，客京师贵邸。力士张大义者慕其名，自济南来见。酒酣，命凤池角，凤池辞，固强之。大义身长八尺余，胫力强大，以铁裹拇，腾跃若风雨骤至。凤池却立倚柱，俟其来，承以手，大义大呼仆，血满靴，解视，拇尽嵌铁中。

……

凤池尝语人曰："吾力不如中人，所以能胜人者，善借其力以制之耳。"凤池手能破坚，握铅锡化为水。又善导引术，同里谭氏子病瘵，医不效，凤池于静室窒牖户，夜与合背坐，四十九日而瘥。喜任侠，接人和易，见者不知为贲、育。雍正中，浙江总督李卫捕治江宁顾云如邪术不轨狱，株连百数十人，凤池亦被逮，谳拟大辟。世宗于此狱从宽，未尽骈诛。或云凤池年八十余，终于家。

凤池后不得其传，南派之沿革一致如此。

另一支北派代代相传到清康熙、乾隆年间，有河南蒋发得太极拳真传，名闻乡里。蒋发在陕西西安以开豆腐坊为业，其人事母至孝，每年年终都由西安回河南探母。有一年他回乡，因事绕道经过河南温县陈家沟，看见陈家沟的人在练炮捶。他们是由明朝传下来世世代代练炮捶的。蒋发看到他们走势时动作很僵硬，全是猛打猛上，心想何必费这么大的劲？不由得失声哈哈一笑。这一笑引起了教拳人的不满，此人是住在陈家沟北头的陈氏族人陈长兴。

陈长兴（1771—1853），河南温县陈家沟人，为陈家沟拳师。长兴为人立身中正，身体魁梧，有"牌位先生"之称。那时练拳场定有规矩，不许怪声叫好、不许乐，蒋发失声之后自觉不妥，于是转身就走。陈长兴在后紧追，眼看要追上蒋发，陈长兴伸手一抓蒋发的肩膀，蒋发回头一看，陈长兴就跌出一丈之外，摔倒在地。陈长兴很聪明，爬起来说："老师到啦！"于是请蒋发跟他回家，拜师学拳。蒋发因急于回家探母，又感陈之至诚，约定三年之后仍在此处见面。陈问蒋在这三年之内有何吩咐，蒋告诉他，要紧的是你每天清晨捡一些碎石头，每天晚上折一些细树枝，把这两样东西分别堆积起来，等三年后我回来时，如果没有这两样东西我就不教你。

蒋发走后，陈果然坚持去做，三年后蒋发如约回到陈家沟，看到陈长兴真的按吩咐去做，就告诉他说："我叫你每天蹲下来捡碎石头，目的是泄掉你腰上的僵劲，叫你折树枝为的是使你向上盘旋，增活你的腰顶。"于是陈长兴请蒋发到家里，拜师学练太极拳。但是陈长兴的做法引起了族人的不满，认为丢脸并违背了世代家风，于是约定陈长兴自此之后不许再教练陈家炮捶，只许他教外来的太极拳。

杨福魁（1799—1872），字露蝉，河北省（清为直隶）广平府，永年县人。原是永年县南关大和堂中草药铺抓药的，后因得了痞疾，和同乡李伯魁一起去陈家沟入陈长兴拳房学太极拳。初到之时，二人之外均为陈姓，颇受歧视。二人刻苦学习，尝夜不寝。长兴见二人好学，诚敬可嘉，遂授其秘。他们勤苦学拳多年，尤其是杨露蝉，锐意研究，得数年纯功，勤奋领悟，尽得其秘。学成后，李伯魁应山西一派之请去教学，教的是养生长寿，后人称他们为"金丹李家"，后来情况如何就无人考察了。

杨露蝉回到永年后，当地很多人跟他学太极拳，其中有位绅士叫武河清（1812—1880），字禹襄，河北永年县人。他们弟兄都是进士出身，在外边做官，武河清在家守业。他曾练过弓刀石，准备考武进士，因为没有练成，又去请教杨露蝉。老先生叫二儿子杨班侯教武河清。武自恃他的财富，对老师很傲慢，杨班侯不乐意教他。武河清对杨氏父子很不满意，说："老露先生和他的二儿子班侯，对教太极拳很谨慎，不肯轻易示人。"后来武河清去了陈家沟找陈长兴去学。那时陈长兴已经八十二岁了，叫他去赵堡镇跟陈清萍学拳。他回来后传其甥李亦畬（1832—1892），李传郝和（1849—1920），字为真，郝传其子月如（1877—1935），称武式太极拳。郝又传孙禄堂（1860—1933），名福全，称孙式太极拳。

据传，为了避祸，杨露蝉带着二儿子杨班侯，三儿子杨健侯进了北京。

武河清有个哥哥叫武汝清（字酌堂），在北京刑部四川司任员外郎。他在四川司里有个同事姓张，张说，我有个弟弟很爱练拳，能否请他们到我家里去拜为老师呢？于是武汝清就把杨露蝉父子三人介绍到张家去教拳。

提起张家来，他们对太极拳的发展影响很大。学拳的是张家老四，名叫张凤岐，因他体胖，都叫他张四胖子。这段历史近代很少有人知道，几乎被淹没。原来武汝清的同事是张家老大。张家当时在北京西郊四王府（四王府，地名，现在的香山公园西万安公墓一带，前为玉泉山）开设天义酱园。这家酱园很大，也很有名气，他们有两千口大缸做酱菜，还从保定府懋茂酱园，请了位酱把式叫侯德山，主持酱菜技术。他们的酱菜既有保定府酱菜的味道，又有北京玉泉山水清香芳冽的气味，因而酱园在北京享盛名。清慈禧太后有一次到香山卧佛寺登高，想吃点酱菜，侍从到天义酱园买了些酱菜。太后一吃，非常可口，于是就指定天义酱园作为她的御用酱园。每天清晨，酱园套上一辆大车，把各种酱菜拉上，天还没亮进西直门，车上插有一面龙旗，所到之处通行无阻，到了皇宫，把酱菜送到御膳房里去。这样天义酱园的名气就更大了。天义酱园在海淀有两家分店，一家是在老虎洞，叫天义盛，一家在海淀东岔，叫天义茂。张家是四王府的大财主，出钱举办义学，不收学费，还供给书本、文具和衣服饮食，香山附近的贫苦儿童都到义学去读书。还开办粥厂，每天早晚熬两遍很稠的粥，生活贫困的居民都到粥厂打粥饱腹，所以张家颇受附近居民的欢迎。

杨露蝉父子三人曾一度住海淀，后被张凤岐接到了四王府去，在正院腾出一层院子，叫老师住上房，招待得很丰盛，对老师彬彬有礼，杨氏父子感到很满意。张凤岐很用心学习太极拳，进步很快。酱菜把式侯德山跟着学练，也学得很好。当时有知道的，一提及他们就说"张四胖子侯德山"，成了谚语。

当时有个管理三旗事务的漪贝勒，就是后来袭王位的端郡王载漪（1856—1922），清嘉庆皇帝曾孙，惇亲王奕誴次子，咸丰十年（1860），袭贝勒爵位，光绪二十年（1894），封端郡王，光绪二十五年（1899），慈禧立其子溥儁为大阿哥（皇位继承人），曾出任总理各国事务衙门大臣办理外交。光绪二十六年（1900），八国联军侵略中国，载漪持战甚坚，二十七年（1901），清廷与八国联军议和时被削爵戍新疆。

在北京时，他管理的是香山八旗、圆明园八旗和外火器营八旗。此人性情刚烈，喜欢骑射和狩猎。那时香山一带甚是荒凉，有獐狍野鹿，有时还有豹出现。载漪每逢香山打猎归来，都到天义酱园张家小息，张家自然恭敬招待。漪贝勒见杨露蝉父子在张家教张凤岐练拳很有成效，就提出要把杨氏父子接到自己府中教拳，张凤岐不同意。双方为这件事相持不下，渐渐闹出些风波，传到朝廷上也知道了。后来摄政王奕譞，就是光绪皇帝的父亲，怕把事闹大，就亲自去京西四王府张家去调解此事。摄政王和张凤岐说："你与漪贝勒为了一位老师发生争执，这样不好。我跟你谈谈可不可以这样办，每月由初一日到十四日，老教习在漪贝勒府，由十六日到月底在你这里，老教习的两个儿子，上半月在你这里，老教习回你这时，他们则去漪贝勒府，这样不就两全其美了吗？"有了摄政王出面调解，张凤岐忙表示谨遵指示并感谢。就这样，漪贝勒才亲自去张家请杨露蝉，就地举行典礼，磕头拜了老师。自此杨氏父子三人又被请到载漪府中教太极拳。

载漪本身原来也会些拳术功夫，他管理当时的神技营，于是任命杨露蝉为神技营的总教习。神技营是清末禁卫军之一，咸丰十一年（1861）始练兵设营，遴选前锋、护军、步军、火器和健锐诸营精捷者为营兵，精加训练，以守卫紫禁城及三海，并扈从皇帝巡行。后规模益大，旧设健锐、火器诸营悉并隶之。

那时神技营里有许多著名教习，如雄县刘仕俊（传岳家散手）、练形意拳的郭云琛、练八卦掌的董海川、摔跤的周大惠和大祥子等人。大家见到杨露蝉时，看他身体魁梧、精神饱满，似有一定的功夫，对他很恭敬，要求漪贝勒请总教习给大家练练拳。于是杨露蝉就练了一趟太极拳，练完后大家自然都叫好，因为这是在官场上，不免客套一番，但在背后里却有许多非议，说新请来的这位总教习不是练武的，因为武术要打飞脚、拧旋子，他却是软软绵绵的，虽然动作如行云流水，绵绵不断，但看不出什么技术来。有的人要挑衅，但又不敢针对总教习，因为他的官职大，于是想在杨班侯身上打主意。

有一天，漪贝勒在府里跟杨露蝉学拳，其他教习也在一旁侍候观看。王府的大堂台阶有七层，杨班侯正在台阶上背靠柱子坐着抽水烟袋，前边台阶下是一片空地。这时摔跤的教习大祥子（左翼）走过来，站在台阶下边面对杨班侯。大祥子高大魁梧，一般人的身高只能到他的胸口。他在台阶下边把右腿抬起，右脚踩在台阶棱上，左脚站在地上。这时杨班侯左手拿着水烟袋，右手拿着一支火纸煤子，正在一吹一吸。大祥子猛地用右手掐着杨的左胳膊肘，左手将杨的水烟袋和手腕一起攥住，说："你下来吧！"用力往下就拉。杨班侯用太极拳的劲儿，左胳膊肘往下一沉，大祥子因为脚踩住台阶当了轴承，眼看身子悬起，上身前倾，头要撞到柱子上，忙往回抽身。杨班侯趁势往前一发劲，就听"扑通"一声，大祥子向后跌了一个倒仰，躺在地上。载漪一见，忙问怎么回事儿。大祥子爬起来说："回贝勒爷，我跟二先生闹着玩儿呢。"后来漪贝勒把大祥子和周大惠二位摔跤教习找来，引荐他们拜杨班侯为老师。由于有了师生关系，这事就平静下来了。其后还有些事情发生，等有机会再谈吧。

在北京东城干面胡同多罗郡王府（东府）的载治，号四安，听说西府（漪贝勒后封为端郡王，府邸称端王府，原在西城官园，称西府）请了一位好老师，就找他哥哥载漪商量，也要请到东府受教。载漪答应了他，叫杨露蝉和他两个儿子轮流在两府各教七天，从此就变为在东府、西府和四王府张家三处轮流转了。

杨露蝉在端王府时曾教过三个护卫，他们是凌山（满族）、全佑（蒙古族）和万春（原名朱万春，汉族，他是明朝皇室的后人，编入汉旗后，略其姓称为万春）。有一天东府的载治到端王府，正赶上载漪去打猎，载治叫三位护卫陪他玩太极拳，才一推手，三人都不成，站立不稳。后来载治和载漪论及此事，载治说："他们三人是护卫你的，还是你护卫他们？"载漪说："当然是护卫我的。"载治说："他们三个人连我都应付不了，你说怎么办？"载漪说："这件事问问老教习吧。"于是命人把杨露蝉父子请来一起用饭，载漪提及此事，载治说："请老先生栽培栽培吧。"杨露蝉笑道："只要是他们好好练，由现在起我要好好地教他们，三年以后必然有新面貌。"载漪就把三个护卫叫来给老教习道谢。他们三个人说，我们拜老师得了。杨露蝉一想，不成，自己是王爷的老师，不能叫护卫跟王爷同级，只好叫三人拜杨班侯为师，实际上三个人的太极拳是杨露蝉教的。

　　杨露蝉所教的人里以载治练得最好，他是文武兼备。载治的儿子溥侗（1877—1952），字厚斋，号西园，别署红豆馆主，戏剧界人称侗五爷，他是位戏曲艺术家，名票，文武昆乱各行技艺无所不精，六场通透，能戏甚多。演老生戏酷似谭鑫培，旦角戏得自陈德霖，小生戏为王楞仙所授，著名京剧演员如言菊朋、李万春等百余人均师事之。他把太极拳运用到戏剧中去，他练枪、练刀每一个动作都舒展大方，轻灵活泼。武术加上戏剧艺术，真称得上是珠联璧合。我们两个人很要好，相处了几十年，常谈起杨露蝉父子的事迹。他说，杨露蝉身体魁梧。杨班侯是个细高个儿，很英俊。杨健侯人称三先生，个子介乎于父兄之间，较高，较魁梧。三人之中当然是以老先生技艺最高，杨班侯的技艺是老先生之下的第一人，三先生比其父兄略差一些，但比一般的则高深很多了。溥侗还常谈起东府、西府及四王府张家的过从往事。

　　天义酱园张凤岐的儿子中过举人，他的孙子张伯允太极拳也练得不错。我在北京西山教书时住在山南，张伯允住四王府。我们互相往来，研究太极拳的始末来源和套路异同等问题，一起切磋琢磨，也时常谈及杨露蝉父子当时是怎样到北京的。有人传说，杨露蝉是武汝清给引荐到端王府的，其实不是，是经介绍到张家后才到端王府的。所以张家起到了一个很重要的桥梁作用。没有张家，则太极拳进不了端王府，也就没有其后的广为流传了，这是太极拳发展的重要转折点。张伯允是1930年以前逝世的，那时候我在南京，等回来时才知道。张伯允有个儿子叫张墨颖，那时张墨颖母亲还在，我曾看望过他们，很可惜张家所练的太极拳后继无人了。

杨班侯（1837—1892），名珏，人称二先生，幼年随父杨露蝉练习太极拳。其父督导甚严，终日苦练不息，功属上乘，性刚强，善用散手发人。

班侯门下，吴全佑（1834—1902）为最著者。全佑有子名爱绅（1870—1942），字鑑泉，即吴鑑泉，得其太极真传。吴式太极拳以柔化见长，动作灵巧细腻，沉静自然，为太极拳的主要流派之一。吴鑑泉先生为人寡言语，性和蔼，待人接物均出手至诚，以故文人雅士多善与之游。其门徒遂遍满天下矣，其中最著者，除了子镇、雨亭二人均善技击外，在南方有吴兴褚民谊、上海徐致一、湖南王润生等。在北方则有北京吴图南、赵元生、吴润忱、赵寿春、赵仲博、金云峰、舒益卿、葛馨吾、吴子勤、郝树桐、金寿峰等。

润生精于内外两家，著述颇多，其门生有向恺然者为个中之能手。致一精研拳理，由妙入微，著有《太极拳浅说》行世，说理已极透彻。仲博又传关介三。均为国术专家。

杨少侯（1862—1930），名兆熊，字梦祥，是杨健侯先生之长子，他七岁开始练拳，家学渊源，又承露蝉、班侯之口授，故轻灵奇巧，虚实变化，善用散手，有乃祖乃伯之遗风。拳架小而快，好出手即攻，擅长凌空劲。执教于京师，得其传者有海淀东润芳、北京尤志学、田肇麟、吴图南、马润芝等。润芳为人慷慨好义，工诗文、善书画，与同里韩文亭先生均以文名。志学灵巧之处高出侪辈，传其侄广声，字金铎，天资英挺，才气过人，惜乎早年去世，未能将其心得公诸于世，良可慨耳。

杨澄甫（1883—1936）是杨健侯先生之三子，身体魁梧，拳势舒展，推手善发，称为杨式太极拳，为太极拳主要流派之一。又传陈微明、武汇川、李德芳、金迪甫、李雅轩、张香古、褚兰亭等，均善技击，此北派沿革之大略也。

以上是略述太极拳自南北朝至清朝的简史，目的是正本清源，使练太极拳的人知道太极拳的始末真相，这不仅对中国，对世界太极拳运动也是有益的。

# 谈太极拳运动 [①]

太极拳运动为一种优良之运动锻炼方法，经常练习，可以促进体质健康，提高工作能力，预防各种疾病，达到延年益寿之目的，此点已由生理科学家研究证明。即在武术运动项目中，亦有高度之评价，凡经过锻炼者，均有不同之体会，此点无用多述。

再就太极拳之理论与技术而言，曾经过历代多数练习者相继不断之创造与发明，始能完成今日之完整而有意义、有系统之单独体系。因此在整理研究过程中，较之其他拳类，规律方面掌握较易。

在练习太极拳过程中，初学太极拳者，往往感觉对于动作不易有全面之理解，如知动手不能同时动足，知动手足又不能同时动腰与肩臂。此种现象，自有其生理上之根据。盖主动肌作用，或嫌过强，或觉太弱，颉颃肌（拮抗肌）营无意识之努力，因此运动之肢节呈刚强而不甚和谐；并且方向作用及静止作用亦不适当，常发现运动于不合己意之方向，终失身体之均衡，呈现出僵化。但通过此一阶段，坚持进行，待练习多数之姿势后，知觉神经敏感即可增加，运动神经中枢之机能亦愈确实，减少运动刺激之错误。此时便能收全体各部位协调之效，而身体均衡之维持力，自然显著正确。

在练习太极拳时最主要者为意识集中，亦即令一群之肌群动作时，促进该肌群之运动中枢之发达，不特增大其脑回转，并由以增大自运动中枢达到肌肉之运动神经纤维之粗经，并促进运动中枢之机能及由中枢之刺激传达力。此盖因意识集中于作用肌，对于支配该肌之神经中枢增加输血量之故。所以练习太极拳者首先要意识集中，其原

---

① 标题为补拟。

理有如上述，对于神经系统之效益，以及促进神经中枢及末梢神经之生长即在于此。

在习练太极拳时要举动轻灵，盖因练习即久，周身完整一气，向前退后乃能得机得势，能有缩短反应时间之效，自能增进运动之敏捷。

在练习太极拳时，要慢、要静，能如此自能促进消化器之机能提高。原因为太极拳运动，如行之适当，可以促进胃液之分泌。事实证明，凡促进胃液分泌之运动，必须徐缓而安静，否则其效果相反，即消化液原料之血液，大量流入于运动肌，适足引起分泌不良之后果。至于如何练习太极拳由慢与静而能促进胃液之分泌，其原因何在？约略言之不外乎三：一，由于腹部内脏之血行良好，而促进胃腺细胞之机能；二，由于腹腔内压之机械作用影响于消化腺；三，因练习太极拳后腹腔内压之变化，而刺激胃壁内之分泌反射中枢。所以一般之太极拳练习者如能做到慢与静，多呈现一种活泼之感觉，自觉体力增强，精神亦感振奋与愉快。

再就医疗方面而言，经常练习太极拳能对中枢神经系统起良好的锻炼作用；促进血液循环与心脏收缩之机能，及调节呼吸动作，改进肠胃之消化功能，促进新陈代谢作用，使人体各肌群与关节更加活动，恰似一种休息性的运动。各地锻炼者之实际经验，可以证明太极拳确系一种良好之医疗体育项目。

究竟太极拳在哪些病上曾起过一部分辅助作用？现能初步证明者，以慢性病为主。同时太极拳适合于不同年龄、不同性别、不同职业之各个人，亦不受时间、场地、人数之限制。推行时亦较其他体育运动便利而经济。

仅将个人之些微体会，略述如上，以便作为练习太极拳者之参考。

# 对当前太极拳运动发展之态度 <sup>①</sup>

　　我谈过我原来是多病的，后来由于练太极拳练好了身体。像太极拳这样优美的运动，使我转弱为强，还能活到九十八岁，证明太极拳是人类极有效益的运动。多少年来我每天都在练，或多或少，从未间断过。我在青年时就写太极拳，我想这样优美的太极拳，只是我们少数人练它，并且获得效益，不如把它推广到全国，让大家都能受益。我曾写过一本书叫《科学化的国术太极拳》，我的中心理论是，用科学的方法来研究太极拳。有什么好处呢？就是既省时间又便于记忆。它应该有原理、有意义，还能和各种科学相顾在一起，用以辅助太极拳有所不足的地方。

　　到了抗日战争时期，我写了太极刀和太极剑两本书，我在《内家拳太极功玄玄刀》一书中写道：虽然，近世发明火器，攻坚射远，势足吓人。然而酣战之际，肉迫交绥，亦赖乎白刃。谁说中国的刀剑不能用于现实呢？实际上，中日喜峰口之战、淞沪之战，中国的大刀队还能阻止一时敌人之入侵，并立了相当的战功。然而使用它的人，必须有健康的身体、充分的精神、百折不回的毅力、万夫不当的勇气。所以在那个时期，我希望中国不出十年之内，就能十万横磨，大刀有队。去冲锋陷阵，格斗杀敌，侠义养成天性，忠勇发于志诚。自能当仁不让，见义勇为。这样则复国雪耻足以为助也。

　　近年来，爱好太极拳的人愈来愈多。中国的城市和乡村到处都有练太极拳的。外国也相应闻风而起，练中国太极拳的人也日愈增多。中国是太极拳的发源地，应当精益求精。无论在原理方面、套路方

　　① 标题为补拟。

面、技击方面都应该走在前头。推陈出新是好事情，但是不要把别的东西拉到武术中来，硬把武术加上跳舞、加上体操、加上戏剧，目的完全为了表演，还说这就是真正的中国功夫，我认为未免太牵强了，使武术弄成非驴非马，失去它的真面目。今后在推动太极拳时，应该一方面推动套路，另一方面也要推动技击。有人有些顾虑，认为一推动技击就要伤人。我认为如果组织好了，不会伤人的。太极拳技击比赛可采用推而不打的办法，就像摔跤是摔而不打一样。另外技术发挥得很好的话，甚至连护衣护具都不必要。因为太极拳是以柔克刚、以静制动、以小胜大、以弱胜强的技术。以上是我个人的看法，供大家参考。

太极拳

# 太极十三势歌

十三总势莫轻视，命意源头在腰隙。变转虚实须留意，气遍身躯不稍痴。静中触动动尤静，因敌变化示神奇。势势留心揆用意，得来工夫不显迟。

刻刻留心在腰间，腹内松静气腾然。尾闾正中神贯顶，满身轻利顶头悬。仔细留心向推求，屈伸开合听自由。入门领路须口授，工夫无息法自修。

若言体用何为准？意气君来骨肉臣。想推用意终何在？延年益寿不老春。歌兮歌兮百四十，字字真切义无遗。若不向此推求去，枉费工夫贻叹息。

# 太极拳套路顺序

1. 太极势
2. 揽雀尾
3. 单鞭
4. 提手上势
5. 白鹤亮翅
6. 搂膝拗步
7. 手挥琵琶势
8. 进步搬拦捶
9. 如封似闭
10. 抱虎归山
11. 揽雀尾
12. 斜单鞭
13. 肘底看捶
14. 倒撵猴
15. 斜飞势
16. 提手上势
17. 白鹤亮翅
18. 搂膝拗步
19. 海底珍
20. 山通背
21. 撇身捶
22. 退步搬拦捶
23. 上势揽雀尾
24. 单鞭
25. 云手
26. 单鞭
27. 高探马
28. 左右分脚
29. 转身蹬脚
30. 进步栽捶
31. 翻身撇身捶
32. 高探马
33. 翻身二起脚
34. 打虎势
35. 双风贯耳
36. 披身踢脚
37. 转身蹬脚
38. 上步搬拦捶
39. 如封似闭
40. 抱虎归山
41. 揽雀尾
42. 斜单鞭
43. 野马分鬃
44. 玉女穿梭
45. 上势揽雀尾
46. 单鞭
47. 云手
48. 单鞭
49. 下势
50. 金鸡独立
51. 倒撵猴
52. 斜飞势
53. 提手上势
54. 白鹤亮翅
55. 搂膝拗步
56. 海底珍
57. 山通背
58. 翻身撇身捶
59. 上步搬拦捶
60. 上势揽雀尾
61. 单鞭
62. 云手
63. 单鞭
64. 高探马
65. 十字摆莲
66. 搂膝指裆捶
67. 上势揽雀尾
68. 单鞭
69. 下势

70. 上步七星  71. 退步跨虎  72. 转身双摆莲

73. 弯弓射虎  74. 高探马  75. 撇身捶

76. 揽雀尾  77. 单鞭  78. 合太极

# 太极拳势说明

【太极拳锻炼方向说明】

为便于初学者，开展之势均按此方向循循进行，使之不至错乱。即以自己为中心，胸向为前，背为后，左手方向为左，右手方向为右，即，前、后、左、右，左前、左后、右前、右后八个方向，作图如下：

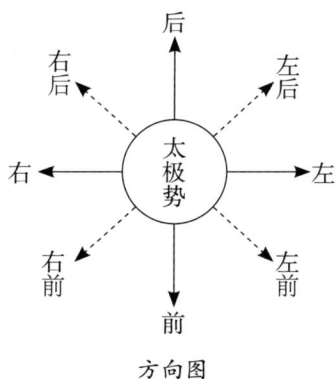

```
                    后
        右               左
        后               后
  右  ←──  太极势  ──→  左
        右               左
        前               前
                    前
```

方向图

## 【太极势（起势）】

**略释**

太极势者，动静未分之谓也。作此势时，必须神舒体静，心专于一。

**姿势说明**

身体垂直站立，目平视，嘴微闭，身体自然放松，二臂下垂，双

手掌心向下，十指向前，双足足尖向前，两足之间距离，以肩宽为度。平心静气，呼吸自然，保持头脑清静、无杂念。（图2-1）

图 2-1 太极势

## 【揽雀尾一】

### 略释

揽雀尾，为太极拳动作之基础，练之宜熟宜精，学者须注重。此势内含掤、捋、挤、按等法，取手揽雀之尾随其动作之意。

### 姿势说明

左足前上一步，足跟点地，足尖翘起，膝微屈，右足不动，而腿下踞，全体重心，均负右足。同时左臂向前，屈肱垂肘，五指向右，掌心胸向，作环状上提，至胸前止。右手五指向上，掌心向前，亦提至胸前。掌心抚左肱以助之。至其头、颈、胸、背等之姿势，与太极势同，后仿此。（图2-2）

图 2-2 揽雀尾一

### 应用说明

敌以双手按我，我以左肱迎之，右手助之，用掤力以掤之。

## 【揽雀尾二】

### 略释

揽雀尾，为太极拳动作之基础，练之宜熟宜精，学者须注重。此势内含掤、捋、挤、按等法，取手揽雀尾随其动作之意。

### 姿势说明

左足尖向右前方（即 45° 角）下落，膝屈而腿下踞，全体重心移于左足。同时右足向右方（即 90° 角）进一步，足跟点地，足尖翘起，膝微屈，身即随之面右。同时右手立掌（五指向上，掌心向前），垂肘，向后方伸出，至胸前止，左手即立掌（五指向上，掌心向后），垂肘，向右伸出，至右手与胸之间止。惟右手大指，约与鼻齐，左手大指，则仅与喉齐耳。（图 2-3）

图 2-3 揽雀尾二

### 应用说明

敌以左手击我，我向左微移，以泄其力，然后以右手进击其胸。

## 【揽雀尾三】

### 姿势说明

右手、左手向怀内捋，遂将右掌心向上转，左掌心向下转，如抱物下捋然（图 2-4）。然后垂肘向右方伸出，右手中指约与眉齐，左手中指则抚右腕，惟须稍含沉劲。同时右足尖下落，弓右膝（小腿宜直，股宜平），左腿蹬直。全体重心，移于右足（图2-5）。复将右手自右方向右后方旋转半圆（即180°角），左手随之，至右肩与胸之间止。同时左腿随之下踞，右足尖依然翘起。全体重心，移于左足（图2-6）。

图 2-4　揽雀尾三（1）　　图 2-5　揽雀尾三（2）　　图 2-6　揽雀尾三（3）

**应用说明**

敌击我如偏左，我则挒之；如偏右，我则採之。敌力落空，既不得逞，而我东南西北上下无不如意。

## 【单鞭】

**略释**

单鞭在御敌之时，有以单手乘势击敌之作用，犹如以鞭之击人也。

**姿势说明**

右手下垂作钩状，左手立掌（五指向上，掌心向右），指尖抚右腕内侧，垂肘（图 2-7）。同时右足跟自左方向右后方旋转，至与足尖成前后直线（即 90° 角）止。然后左足向左方撤半步，左足尖自右方向前方旋转，至左前方止，双腿下蹲（小腿宜直，左右股宜平），同时右钩不动，左手立掌（五指向上），垂肘，自右而前，经过胸部向左方伸出（即 180° 角），臂微屈，掌心向左，五指向上，身体随之向前（即 90° 角），惟头以目注左掌故，故向左方（即 180° 角）。全体重心，移至两足间之中点，盖以身居中央也（图 2-8）。

图 2-7　单鞭（1）　　　图 2-8　单鞭（2）

**应用说明**

敌以右手击我，我身下蹲以避其势，迫其力落空，然后以左手向其胸部按之，敌倘抽身欲脱，我即因彼之力而顺击之。

## 【提手上势一】

**略释**

提手上势者，向上提手，有若持物上提者然。同时身体亦向前进步，故有进步上提手之称。

**姿势说明**

右足前上一步，足跟点地，足尖翘起，膝前屈，左足不动而腿下踞。全体重心，移于左足。同时右臂之钩变掌（掌心胸向，五指向左），屈肱垂肘而作环状，移至胸前。左手立掌（掌心向前，五指向上），按右肱以助其势，头亦因之面前方（即90°角）。（图2-9）

图 2-9　提手上势一

**应用说明**

敌如以双手按我，我以右肱迎之，左手助之，用掤力以掤之。

## 【提手上势二】

**姿势说明**

右手横掌（五指向左）上提，至顶上止，掌心自内而下而前旋转，至向前上方（即225°角）止，左手（五指向前，掌心向下）下按，至左胯侧止。同时右足尖下落，右腿前弓，左足遂向前并步，与右足齐，身体直立。全体重心，移于两足间之中点。（图2-10）

图 2-10　提手上势二

**应用说明**

敌如以双手推我右肱，乃欲下按以避我左手，及双手既避，则彼可制胜，但我可因彼按力，将右手丢开而上提，用腕部击彼之颌部。

## 【白鹤亮翅】

### 略释

此势之动作，两臂向上高举，左右两分，恰之白鹤亮翅之状，故名。

### 姿势说明

右手向左微移，左手（五指向上，掌心向前）向左作环状上提。然后右手右移，至头上之右侧方止，左手（五指向右，掌心向前上方）至头上之左侧方止，掌心均向前上方。（图2-11）

### 应用说明

敌如从左侧方击我，我以右手引之，彼力既出，必落空，我即乘机以左手顺其力而击之。

图 2-11　白鹤亮翅

## 【搂膝拗步一】

### 略释

拗步者，不顺其步，即进左步而右手前伸，或进右步而左手前伸也，搂膝则以手下搂拗步之膝之谓。

左足向左方开一步，身亦随之左面（即90°角），然后左膝左弓（小腿宜直，股宜平）。右腿蹬直，全体重心，移于左足。同时左手（五指向左，掌心向下）自鼻端而下，经胸前，由膝之左前方，向左后方搂左膝，至左胯侧止，臂微屈，五指向左，掌心下按。右手（五指向左，掌心向后）自右耳

图 2-12　搂膝拗步一

侧（掌心以几与耳相擦为宜）向左方伸出，臂微屈，掌与肩平，五指向上，掌心向左。（图 2-12）

**应用说明**

敌之自左下方以右手击我，我以左手向左外方搂之，彼力即空，身必前倾。复进左足拦敌之右踵，而以右手进击其胸。

## 【搂膝拗步二】

**姿势说明**

右足左上一步，膝左弓（小腿宜直，股宜平），左腿蹬直。全体重心，移于右足。同时右手（五指向左，掌心向下）自膝之左后方，向左前方搂右膝，至右胯侧止，臂微屈，五指向左，掌心下按。左手（五指向左，掌心向前）自左耳侧（掌心以几与耳相擦为宜）

图 2-13　搂膝拗步二

向左方伸出，臂微屈，掌与肩平，五指向上，掌心向左。（图 2-13）

**应用说明**

敌以左手自右下方击我，我以右手向右外方搂之，然后进右足拦敌之左踵，而以左手进击其胸。

## 【搂膝拗步三】

**姿势说明**

左足左上一步，膝左弓（小腿宜直，股宜平），右腿蹬直。全体重心，移于左足。同时左手（五指向左，掌心向下）下搂左膝，至左胯侧止，臂微屈。五指向左，掌心下按。右手（五指向左，掌心向后）自右耳侧（掌心以几与耳相擦为宜）向左方伸出，臂微屈。掌与肩平，五指向上，掌心向左。（图 2-14）

图 2-14　搂膝拗步三

**应用说明**

敌之自左下方以右手击我，我以左手向左外方搂之，然后进左足拦敌之右踵，而以右手进击其胸。

## 【手挥琵琶一】

**略释**

此势之动作，两手相抱，有如怀抱琵琶然，故名。

**姿势说明**

左足右撤半步，足跟点地，足尖翘起，膝微屈，右腿下踞。全体重心，移于右足。同时左手自左胯侧向左作环状提起，立掌（五指向上，掌心向前）垂肘移至胸前。右手亦立掌（五指向上，掌心向后）垂肘移至左手与胸之间，惟左手大指，约与鼻齐，右手大指，则仅与喉齐。身体依然左面。（图2-15）

图 2-15　手挥琵琶一

**应用说明**

敌以左手击我，我用右手将彼吸起。敌若乘势以右手进击吾胸，我即因彼之力，以左手顺将其右臂。

## 【手挥琵琶二】

**姿势说明**

左足向左后方（即 45° 角）开半步，右足随之并步。全体重心，移于左足。同时左手、右手自左而后，旋转半圆（即 180° 角）。然后仍至原处止，惟左掌心向左下方，右掌心向右上方，左右手指，均向左上方。（图2-16）

**应用说明**

敌已为我吸起，如抽身欲逃，我即因其

图 2-16　手挥琵琶二

力进步推之。敌若乘我之推力，将右手抽出，复自我之左后方来击，则用左手向左后方捋之，彼力即空。然后用左手推之，右手辅之。

## 【 进步搬拦捶一 】

**略释**

进步搬拦捶者，向前进步，用手移开敌手，而阻敌人之前进，复乘势以拳击敌也。

**姿势说明**

左足左上一步，膝左弓，右腿蹬直。全体重心，移于左足。同时左手（五指向左，掌心向下）右手（五指向左，掌心向上）随身向左方伸出，左手中指，约与眉齐。右手中指，则抚左腕，稍向左后方旋转。

然后左足尖翘起，足跟点地，膝微屈，身体右移，右足不动而腿下蹲。全体重心，移于右足。同时左手立掌（五指向上，掌心向前）垂肘移至胸前，右手握拳，循腰带右

图 2-17　进步搬拦捶一

撤，至右胁侧止，惟拳眼向上，身体依然左面。（图 2-17）

**应用说明**

敌以右手击我，我以左手向右前方捋之，同时进左步阻敌之右踵，右手握拳以待其变。

## 【进步搬拦捶二】

**姿势说明**

左足尖下落，膝左弓，右腿蹬直。全体重心，移于左足。同时左掌不动，右拳循左掌向左方伸出，臂微屈，拳与肩平，拳眼向上。左手指抚右肱，以助其势。（图 2-18）

图 2-18　进步搬拦捶二

**应用说明**

敌抽右手欲逃，我即因彼之抽力，用拳进击其胸。

## 【如封似闭一】

**略释**

如封似闭为封闭敌人之意。盖御敌之时，自卫而避敌，乘势而击敌。非避敌而不出击也。

**姿势说明**

左足尖翘起，膝微屈，右足不动，而腿下踞。全体重心，移于右足。同时左手自右腋下伸出，五指向上，掌心向右，循右臂外而行。右手将拳变掌，徐徐向胸间撤回，左右手交叉至胸前时，然后左右各自分开。手指向上，掌心向右，双肘下垂。两手之间距离，以肩为度。（图 2-19）

图 2-19　如封似闭一

**应用说明**

敌以左手握我右肱，我以左手拦着敌手，而将右臂抽回。恐敌乘势进击我胸，于是以左右手伪封之，以待其变。

## 【如封似闭二】

**姿势说明**

左足尖下落，膝左弓，右腿蹬直。全体重心，移于左足，同时左右手合掌向左方推出，臂微屈（双臂），掌与肩平（双掌），五指向上，掌心向左。两掌间之距离，以肩为度。（图 2-20）

**应用说明**

敌以双手推我，我左右分之，彼力即空，然后向彼胸间推之。

图 2-20　如封似闭二

## 【抱虎归山一】

**略释**

抱虎归山者，谓敌之势如猛虎。我乘势以手抱持而归也。

**姿势说明**

双手下落，至左膝之左右侧止。然后转身向前（即 90° 角），右足不动，左足向右并步，同时左手向左，右手向右，徐徐提起，至顶上止，掌心相向交叉，右手前而左手后，然后交叉下落，至胸前止。全体重心，移于两足间之中点。（图2-21）

**应用说明**

如敌欲分我双手而进击，我双手下採敌力而吸引之。

图 2-21 抱虎归山一

## 【抱虎归山二】

**姿势说明**

左足向左前方（即 45° 角）开半步，弓膝，右腿蹬直，身亦面左前方。全体重心，移于左足。同时左手下搂左膝，至左胯侧止，臂微屈，五指向左前方，掌心下按。右手提至右耳侧止，五指向左前方，掌心几与耳相接着。（图 2-22）

**应用说明**

敌自左前方以右手击我，我以左手搂开，提起右手，以待其变，即谓之"彼不动，己不动"也。

图 2-22 抱虎归山二

## 【抱虎归山三】

### 姿势说明

身体自左前方而前方而右方旋转之,至面右后方(即 180° 角)止。然后右足向右后方迈半步,弓膝,左腿蹬直,全体重心,移于右足。同时右手下搂右膝,至右胯侧止,臂微屈,五指向右后方,掌心下按。左手自左耳侧向右后方伸出,臂微屈,五指向上,掌心向右后方。(图 2-23)

图 2-23 抱虎归山三

### 应用说明

敌自脊背后以左手击我,我即转身,以右手搂开,用左手进击其胸。

## 【揽雀尾一】

### 略释

见前。

### 姿势说明

右足向左前方撤回半步,足跟点地,足尖翘起,膝微屈,左足不动,而腿下踞。全体重心,移于左足。同时右手自右胯侧,立掌(五指向上,掌心向右前方)垂肘作环状提起,至胸前止,大指约与鼻齐。左手亦立掌(五指向上,掌心向左后方)垂肘移至右手与胸之间止,

惟大指约与喉齐。（图2-24）

图 2-24　揽雀尾一

### 应用说明

我以左手进击敌之胸相抗，我因彼之力而吸之，敌乃乘势以左手上击我头，我用右手顺其力捋之。

## 【揽雀尾二】

### 姿势说明

左右手合掌（右掌心向上，左掌心向下，指抚右腕）向怀内捋，然后向右后方伸出，同时右足尖下落，弓膝，左腿蹬直，全体重心，移于右足，然后右手、左手复由右后方而后而左，旋转半圈（即180°角），至左前方肩与胸之间止。同时右足尖依然翘起，左腿下踞，全体重心，移于左足，然后右手立掌（五指向上，掌心向右后方）垂肘向右后方推出，臂微屈，五指向上，掌心向右后方，左手指抚右腕，掌心向左前方，同时右足尖下落，弓膝，左腿蹬直，全体重心，移于右足。（图2-25）

图 2-25　揽雀尾二

### 应用说明

敌以左手击我，我以右手顺捋其臂，以冀乘势致击。敌乃因我之力，将左手抽出，复自我之右侧方进攻，我乃採其力而推之。

## 【斜单鞭】

### 略释

斜单鞭者，单鞭势所占之方位斜向而不正也。

### 姿势说明

右掌下垂作钩状，右足跟向右后方旋转一直角（即 90° 角）。同时左足向左前方撤半步，右钩不动，左手立掌（五指向上）垂肘，经胸前向左前方伸出。臂微屈，五指向上，掌心向左前方，身亦随之旋转，至面右前方止，惟头以目注右钩故，仍面右后方，两腿下踞，身居中央。全体重心，移于两足间之中点。（图 2-26）

图 2-26　斜单鞭

### 应用说明

当我应敌之际，忽有自后方来者，欲乘我之不备，以右手击我之背。我则将身下踞，以避其掌，而用左手进击其胸。

## 【肘底看捶】

### 略释

肘底看捶者，肘下看守以捶之谓。盖御敌之时，我以肘击之，惟恐敌人乘势由肘下进击吾胸、腹等各部，故以捶保护之。

### 姿势说明

以左足为轴，右足提起，自右后方而右而前旋转之，至右足与左足成前后直线止，身亦随之左面。同时右钩变掌（五指向外，掌心向下）随身旋转，自右后方而右而前而左，至左后方止，左手自左前方而左而后，至右方止，然后左手握拳，循腰带向左方伸出，折而上提，至头之左后方，肩之左方止。肘下垂，与拳成垂直线，拳眼向右方，右手亦握拳，置左肘下。同时左足提起，向左方迈半步，足跟点地，足尖翘起，膝微屈，右腿下蹲。全体重心，移于右足。（图2-27）

图 2-27　肘底看捶

### 应用说明

敌之以右拳击我，我以左手将之，彼力即空，身必前倾，然后用右拳以击其肋。

## 【倒撵猴一】

### 略释

倒撵猴者，后退引敌也。猴遇人前扑，我即退而引之，猴必追击，我遂乘势袭击其头部。

### 姿势说明

左足右退一步，左腿蹬直，右足不动而弓膝。全体重心，仍负右足。同时左手立掌向左方伸出，掌与肩平，臂微屈，五指向上，掌心向左。右手下搂右膝，至右胯侧止，臂微屈，五指向左，掌心下按。（图2-28）

**应用说明**

敌来势甚凶，我先后退以避，而乘势以右手搂敌之手（或足），然后以左手迎击其头部。

图 2-28 倒撵猴一

## 【倒撵猴二】

**姿势说明**

右足右退一步，右腿蹬直，左足不动而弓膝。全体重心，移于左足。同时左手下搂左膝至左胯侧止，臂微屈，五指向左，掌心下按，右手自右胯侧提起，至右耳侧止，然后向左方伸出，臂微屈，掌与肩平，五指向上，掌心向左。（图2-29）

**应用说明**

与前同，惟左右手互易其用。

图 2-29 倒撵猴二

## 【倒撵猴三】

### 姿势说明

姿势与应用，与倒撵猴一略同。


## 【斜飞势】

### 略释

斜飞势以其似鸟之举翅斜飞而名。

### 姿势说明

左足左上一步，弓膝，右腿蹬直，身左倾，而头右顾，左手向左上方伸出，臂微屈，五指向左上方，掌心向右上方。右手向右下方伸出，臂微屈，五指向右下方，掌心向左下方，左右手若鸟之斜展其翅而飞举然。全体重心，移于左足。惟以右手称之，目注之，身虽左倾，而不扑者，良以此也。（图2-30）

图2-30 斜飞势

### 应用说明

敌以右手击我，我以左手捋之，彼力即空，身向前倾。敌惧其扑，退步欲脱，我则因彼之力以左手穿其右腋下而掷之。

## 【海底珍】

### 略释

海底珍亦作海底针，以手向下点刺之意。

### 姿势说明

左足右撤半步，足尖点地，膝微屈，右腿下踞。全体重心，移于右足。同时右手向胸前撤回（图 2-31）。右手向左下方伸出，指尖下指，至膝下止（五指向下，掌心向后）。左手自左胯侧立掌垂肘，移至胸前，掌按右肱，五指向上，掌心向前（图 2-32）。

### 应用说明

我以右手引敌，乘其力松懈向下而点之。

图 2-31　海底珍（1）

图 2-32　海底珍（2）

## 【山通背】

### 略释

山通背者，其背劲一发，山即难阻也。

### 姿势说明

左足左上半步，身体向前方，双腿下踞。全体重心，移于两足间之中点。同时右臂向左提起，掌约与额齐，五指向左，掌心向后，左手指抚右肱，亦随之向左提起，掌约与鼻齐。然后右掌心由后而下而前旋转之，至掌心向前止，而后右移，至顶上止，五指向左，掌心向前上方。左手立掌垂肘，向左平伸，臂微屈作环形，五指向右上方，掌心向前，头稍左顾，目注左掌。（图2-33）

图 2-33　山通背

**应用说明**

我以海底珍进击，敌以右手猛击我头，我以右手叼而捋之，而以左手进击敌肋。

## 【撇身捶】

**略释**

撇身捶者，敌自后方来击，我将身撇开，而后以拳击敌也。

**姿势说明**

双手握拳，置于左胁下，身体稍向左移，而头右顾。全体重心，移于左足（图2-34）。右足向右后方开半步，弓膝，左腿蹬直，身体面右方。同时右拳垂肘向右撇出，至胸之右后方止，拳与肘平，腕门向上。左手立掌（五指向上，掌心向后）垂肘移至胸前，至右拳之右上方止，身即右倾。全体重心，移于右足（图2-35）。

**应用说明**

敌之以右手自背后击我，我撇身后转，以泄其力，乃以右拳下拦敌腕而采之。倘敌抽臂欲逃，我即因其抽力而顺击之。

图 2-34　撇身捶（1）　　图 2-35　撇身捶（2）

## 【退步搬拦捶一】

**略释**

退步搬拦捶者，向后退步，搬开敌手，拦阻敌人之前进，而后乘机以拳击敌也。

**姿势说明**

右足左退一步，膝屈而腿下踞，左足尖翘起，足跟点地，膝微屈。全体重心，移于右足。同时右拳循腰带左撤，至右胁侧止，拳眼向上，左手立掌垂肘，随身左撤，仍居胸前。身体依然面右，目注右方。（图 2-36）

**应用说明**

退步以泄其敌力，复乘势搬拦敌手，以待其变。

图 2-36　退步搬拦捶一

## 【退步搬拦捶二】

### 姿势说明

左膝右弓，右腿蹬直。全体重心，移于左足，同时右拳循左掌向右方伸出，臂微屈，拳与肩平，拳眼向上，左手指抚右肱，以助其势。（图2-37）

图2-37　退步搬拦捶二

### 应用说明

方我搬拦敌手，敌抽身欲逃，我即因彼之力，以拳击之。

## 【上势揽雀尾】

与前揽雀尾三略同。

## 【云手一】

### 略释

云手者，双手动作如云旋绕之状。

### 姿势说明

右膝右屈，左腿蹬直。全体重心，移于右足。同时右手变钩为掌，向上提起，至头之右上方止，五指向左上方，掌心向右上方。左手自左方下落，至小腹与脐之间止（五指向右，掌心向上），然后向右方提起，至指抚右腕止，掌心仍向上方。（图2-38）

**应用说明**

敌自右方击我，我以右手接彼之臂，向上托之；倘敌欲抽其臂，我即因其力而掷之；倘彼欲用力下压，我则上提而捌之。

图 2-38　云手一

## 【云手二】

**姿势说明**

左膝左屈，右足向左并步。全体重心，移于左足。同时左手提起，由右而上，至顶上止，然后掌心外播，向左方下落，至与肩成水平线止。臂微屈，五指向上，掌心向左。右手自右方而下，至小腹与脐之间止（五指向左，掌心向上），然后向左方提起，至指抚左腕止，惟掌心仍向上耳。（图2-39）

图 2-39　云手二

**应用说明**

敌自左方击我，我以左手向外捋之，然后击敌之胸。

## 【云手三】

**姿势说明**

左足左开一步，左腿蹬直，右膝右屈。全体重心，移于右足。同时右手向上提起，至顶上止，然后掌心外播，向右方下落，至掌与臂成水平线止，臂微屈。五指向上，掌心向右。左手自左方下落，至小腹与脐之间止。五指向右，掌心向上，然后向右方提起，至指抚右腕止，惟掌心仍向上耳。（图2-40）

图2-40　云手三

**应用说明**

敌自右方击我，我以右手向外将而掷之。

## 【高探马一】

**略释**

高探马者，身体向上探出，攀登如乘马也。

**姿势说明**

左足右撤半步，足尖点地，足跟提起，膝微屈，身体左面。全体重心，移于右足。同时左手掌心向上，垂肘右撤，至胸前止，右手掌心向下，自右而左，经胸前，至左手之左上方止，掌约与鼻齐。（图2-41）

**应用说明**

敌击我，我以左手将之，右手迎击其面。

图2-41　高探马一

## 【左右分脚一】

### 略释

左右分脚者，左右脚向左右分踢之也。

### 姿势说明

左右手向右后方将，双手握拳，交叉于
左胁侧，右拳外而左拳内。然后上提至顶，拳

图 2-42　左右分脚一

均变掌，左右分开，右掌向左前方，左掌向右后方。两臂几成一线，臂
均微屈，掌均与肩平，指均向上。同时右足提起，向左前方循右掌踢出，
膝微屈，足趾向上，足心向左前方。全体重心，移于左足。（图 2-42）

### 应用说明

敌以左手击我，我以右手向右后方将之。敌上抽其臂，撤身欲逃，
我顺其上抽之力，以右手外抛其臂，乘其后撤之力，以右足前踢其身。

## 【高探马二】

### 姿势说明

右足落地，膝微屈，左腿蹬直。全体重
心，移于右足。同时两手握拳，内抱于胸前，
腕门胸向，右拳外，而左拳内。然后左拳变
掌，经右拳向左后方伸出，屈臂，垂肘，五
指向上，掌心向左前方。右拳亦变掌，下移
至胸前，五指向左，掌心向上。（图 2-43）

图 2-43　高探马二

**应用说明**

敌以右手击我，我以右手向前方採之，更以左手进击敌面。

## 【左右分脚二】

**姿势说明**

左右手向右前方将，而后握拳交叉于右
胁侧，左拳外而右拳内。然后上提至顶，拳
均变掌，左右分开，左掌向左后方，右掌向
右前方，两臂几成一线，臂均微屈，指均向
上，掌均与肩平。同时左足提起，向左后方
循左掌踢出，膝微屈，足趾向上，足心向左
后方。（图2-44）

**应用说明**

图 2-44　左右分脚二

敌以右手击我，我以左手向右前方将之。倘敌臂上抗，我则顺其
力上抛，彼力即空，身必后倾，乃乘势以足踢之。

## 【转身蹬脚】

**略释**

转身蹬脚者，将身后转，以足前蹬而蹴敌。

**姿势说明**

左右手握拳内抱，置于右胁下，左手外而右手内，同时左股不动，小腿下垂，以右足为轴，自左而后而右旋转半圈，身体面右，然后双拳变掌，提至顶上，左右分开，掌与肩平，左掌向右方，右掌向左方，两臂微屈，几成直线，指均向上，同时左足小腿向右方蹬出，膝微屈，足趾向上，足心向右。（图 2-45）

图 2-45 转身蹬脚

**应用说明**

敌自身后击我，我转身以迎之，更以左手上击其面，敌必防其头部，我遂以左脚蹬之。

## 【进步栽捶一】

**略释**

进步栽捶者，向前进步，以捶下击，有若将物植入地中然。

**姿势说明**

左足落地，膝右弓，右腿蹬直。全体重心，移于左足。同时左手下搂左膝，至左胯侧止，臂微屈，五指向右，掌心下按。右手自右耳侧向右方伸出，臂微屈，五指向上，掌心向右。（图 2-46）

图 2-46 进步栽捶一

**应用说明**

敌以右手搂我左腿，我将左腿下落，而以左手搂开敌手，以右手进击其胸。

## 【进步栽捶二】

**姿势说明**

右足向右方开一步，膝右弓，左腿蹬直。全体重心，移于右足。同时右手下搂右膝，至右胯侧止，臂微屈，五指向右，掌心下按。左手自左耳侧向右方伸出，臂微屈，五指向上，掌心向右。（图 2-47）

图 2-47　进步栽捶二

**应用说明**

敌以左手击我，我以右手搂开，而以左手进击其胸。

## 【进步栽捶三】

**姿势说明**

左足右上一步，膝右弓，右腿蹬直。全体重心，移于左足。同时右手自右耳侧向右下方握拳击之。左手下搂左膝，而后手扶右肱，以助其势。（图 2-48）

图 2-48　进步栽捶三

**应用说明**

敌以右手击我，我以左手搂开，以右手进击敌面。敌乃以左手下搂我右手，我即顺其力握拳而击其腹。

## 【翻身撇身捶】

**略释**

翻身撇身捶者，敌自后方来击我，我翻身后转将身撇开，乘势以拳击敌也。

**姿势说明**

双手握拳，移至左肋下，右手外而左手内，身体右倾，而头左顾。然后自右而后而左旋转半圈，同时左足不动而以之为轴，右足向左前方横移半步。身体左面，右膝左弓，左腿蹬直。全体重心，移于右足。同时右手握拳移于胸之左前方，与右肘平，腕门向上。左手立掌垂肘移于右拳左上方，五指向上，掌心向前，大指约与喉齐。（图2-49）

图 2-49　翻身撇身捶

**应用说明**

敌自背后以右手击我，我撇转己身以避之，复以右拳採其右臂。倘彼上抗，或向怀内抽之，我即因彼之力而顺击之。

## 【高探马】

### 略释

见前。

### 姿势说明

左足向左后方开一步，弓膝，右腿蹬直。全体重心，移于左足。同时左手掌心向上，五指向左，移至胸之左后方，与左肘平。右拳变掌，移至左掌之左上方，五指向上，掌心向后，大指约与喉齐。

### 应用说明

敌自左后方击我，我以左手捋之。敌力既空，身必前倾，我乃以右手迎其面而击之。

## 【翻身二起脚】

### 略释

翻身二起脚者，向后翻身，左右脚相继踢起也。

### 姿势说明

左右手向右后方捋，而后握拳，置于左肋下，右手外而左手内。然后将两拳变掌提至顶上，向左前方及右后方分击。右掌向左前方，左掌向右后方，两掌均与肩平，指均向上。同时左腿提起，向左方平踢，甫及落地。

而右脚提起，循右掌而平踢之，膝微屈，足趾向上，足心向左前

方。全体重心，移于左足。（图2-50）

**应用说明**

敌以左手击我，我以左手向右后方捋之。敌后撤其身，我则因彼之力，以左足踢之。敌以右手下搂我左腿，我即将左腿下落，以右手向左前方抛敌左臂，而以右足平踢其肋部。

图 2-50　翻身二起脚

## 【打虎势一】

**略释**

打虎势者，以其形似而名。在旧太极拳中无此目，为杨班侯先生所增加。

**姿势说明**

右足向右前方撤回下落，左足亦向右前方退半步，足尖点地，足跟提起，膝微屈，右腿下蹲。全体重心，移于右足。同时左右手合掌，自顶上而下落，至胸前止。然后右手握拳下落，经腹、肋各部，复上提至头之前方止，拳眼向下，腕门向左。左手亦握拳移至胸之左前方，与左肘平，拳眼向上，腕门向右，左右拳眼，务须上下相对，目注左方。（图2-51）

图 2-51　打虎势一

**应用说明**

敌以右手击我，我以左手将之，以右拳侧击其头部。

## 【打虎势二】

**姿势说明**

左足向右后方退一步，右足亦向右后方
退半步。同时左拳下落，复向上提，置于顶
之后上方，拳眼向下腕门向左。右拳亦移至
胸之左后方，与右肘平，拳眼向上，腕门向
右，左右拳眼，务须上下相对。

图 2-52　打虎势二

然后将右膝上提，与右肘相接，小腿下垂。全体重心，移于左
足。同时右手向左前方伸出，臂微屈，五指向上，掌心向左前方。左
手向右后方伸出，臂微屈，五指向上，掌心向右后方。右足循右手向
左前方踢出，膝微屈，足趾向上，足心向左前方。（图 2-52）

**应用说明**

敌以左手击我，我以右手将之。敌乃上抗而抽其臂，我即因其力
而抛掷之，并以足踢其腹。

## 【双风贯耳】

**略释**

双风贯耳者，以两手击敌双耳，运用之速有如风然。在旧太极拳

中无此目，为杨班侯先生所增加。

### 姿势说明

右足向左前方开一步，弓膝，左腿蹬直。全体重心，移于右足。同时左右手合掌由胸而下，至右膝之上方止，即握拳向前后两方分开，由下而上，至与肩平止。然后双臂均作环状向左方运行，双拳对峙，至胸前止，两臂略成椭圆形，目注左方。（图 2-53）

图 2-53　双风贯耳

### 应用说明

敌以双手击我胸部，我以手左右分开，复用双拳进击敌之双耳。

## 【披身踢脚】

### 略释

披身踢脚者，将身侧立，以足前踢也。

### 姿势说明

左右手握拳，交叉于右肋下，右拳外而左拳内，同时右足不动。全体重心，仍在右足。左膝上提，然后向左方踢出，膝微屈，足趾向上，足心向左。同时左手向左方伸出，臂微屈，五指向上，掌心向左。右手向右方伸出，臂微屈，五指向上，掌心向右，但两掌均与肩平，约成左右一直线。（图 2-54）

图 2-54　披身踢脚

太极拳一

**应用说明**

敌以右手击我，我以左手捋之。敌乃抽回而击我头，我即以左手外掷其臂，乘其身之后倾，以左足踢其右肋。

## 【转身蹬脚】

**略释**

见前。

**姿势说明**

左右手握拳置于右肋侧，右拳外而左拳内。同时左股不动，小腿下垂，以右足为轴，身体自左而前而右而后乃复向左，旋转一周（即 360° 角）。然后左足落于右足之右后方。全体重心，移于左足。

复将右手向左方伸出，臂微屈，五指向上，掌心向左，左手向右方伸出，臂微屈，五指向上，掌心向右。同时右腿提起，向左循右掌踢出，膝微屈，足趾向上，足心向左。（图 2-55）

图 2-55　转身蹬脚

**应用说明**

敌之自旁侧击我腹，我转身以避之，敌更以左手击我，我以右手外抛敌手，而以足乘势踢之。

## 【上步搬拦捶】

略，同前进步搬拦捶。

## 【野马分鬃一】

### 略释

野马分鬃者，此势前进之状，有如野马奔驰，风吹其鬃，左右两分也。

### 姿势说明

右足自右后方向右方开半步，足跟点地，足尖翘起，膝微屈，左足不动而腿下踞。全体重心，移于左足。同时左右手均立掌垂肘移至胸前，右手五指向上，掌心向前，大指约与鼻齐。左手则五指向上，掌心向后，置于右手与胸之间，惟大指约与喉齐耳。

然后右足向右后方开一步，弓膝，左腿蹬直，全体重心，移于右足。同时右手掌心

图 2-56　野马分鬃一

向上，五指向右，向右后方伸出，大指约与眉齐。左手掌心向下，五指向右，向前方伸出，大指约与胯齐，惟面向前方，目注左掌。（图 2-56）

### 应用说明

敌以左手击我，我以左手采之。敌后抽其臂，以避前扑，我则顺其力而进右足，拦敌左踵，以右手自敌之左腋下穿出而掷之。

## 【野马分鬃二】

### 姿势说明

左足向右前方开一步，弓膝，右腿蹬直，全体重心，移于左足。同时左手掌心向上，五指向右，向右前方伸出，大指约与眉齐。右手掌心向下，五指向右，向后方伸出，大指约与胯齐，面向后方，目注右掌。（图2-57）

### 应用说明

与前略同，惟双方手足之左右互易。

## 【野马分鬃三】

### 姿势说明

姿势与应用，与野马分鬃一略同。

图 2-57　野马分鬃二

## 【玉女穿梭一】

### 略释

玉女穿梭之式，周行四隅，态度贞静，有如玉女之德容；而其动作之敏捷，变转之伶俐，有如穿梭之行于锦中。

### 姿势说明

右足自右后方向右方开半步，足跟点地，足尖翘起，膝微屈，左足不动，而腿下踞。全体重心，移于左足。同时左右手均立掌垂肘，移至胸前。右手五指向上，掌心向前，大指约与鼻齐。左手五指向上，掌心向后，置于右手与胸之间，大指约与喉齐。

然后右足向右后方开一步，弓膝，左腿蹬直，全体重心，移于右足。同时右手五指向右后方，掌心向上，向右后方伸出。左手五指向右方，掌心向下，向前方伸出，面向前方，目注左掌。

图 2-58　玉女穿梭一

然后左足自左前方向右前方开一步，弓膝，右腿蹬直，全体重心，移于左足。同时左手掌心胸向，自右腋下伸出，循右臂外而行，至右手外止。然后左右手掌心外转，向右前方推出，左手五指向右后方，掌心向右前方，大指约与眉齐。右手五指向上，掌心向右前方，大指约与胸齐。（图 2-58）

### 应用说明

敌以右手击我，我以左手捋之，敌后撤其臂而上挑，我即因其力而向外捌，更以右手进击其胸。

## 【玉女穿梭二】

### 姿势说明

左右手掌心胸向，交叉置于胸前，右手外而左手内，然后以左足为轴，身体由右前方而右而后而左前方旋转之，右足由左后方向左前方开一步，弓膝，左腿蹬直，全体重心，移于右足。同时左右手掌心外转，向左前方推出，右手五指向左后方，掌心向左前方，大指约与眉齐，左手五指向上，掌心向左前方，大指约与胸齐。（图2-59）

**应用说明**

敌自身后以左手击我，我转身以右手捋之，敌将身后撤而上挑，我则因其力而捯之，更以左手进击其胸。

图 2-59 玉女穿梭二

## 【玉女穿梭三】

**姿势说明**

姿势与应用略同玉女穿梭一。（图2-60）

## 【玉女穿梭四】

图 2-60 玉女穿梭三

**姿势说明**

左右手掌心胸向，交叉内抱，右手外而左手内。同时以左足为轴，身体由左后方而左而前而右而右后方旋转，右足向右后方开一步，弓膝，左腿蹬直。全体重心，移于右足。同时左右手掌心外转，向右后方推出。右手五指向右前方，掌心向右后方，大指约与眉齐。左手五指向上，掌心向右后方，大指约与胸齐。（图2-61）

**应用说明**

同玉女穿梭二。

## 【下势】

**略释**

下势者，将身下降以避敌也。

图 2-61　玉女穿梭四

**姿势说明**

左腿伸直下降，几乎到地，右膝盖外开。而腿下踞，身体直立，下坐于右腿，亦几乎到地。同时左右手均立掌垂肘，置于胸前。惟左掌置于左膝之前方，右掌置于左掌与胸之间耳。（图2-62）

**应用说明**

敌锋不可犯，我将身下降，而腿后坐以避之，静观其变。

图 2-62　下势

## 【金鸡独立一】

**略释**

金鸡独立之势，一足着地，一足提起，双臂上扬作展翅状，其潇洒之态有类金鸡，故名。

### 姿势说明

左膝渐渐向左方弓出，左右手擦地向左方伸出，身亦随之左进，右腿蹬直。全体重心，移于左足。同时左足不动，右膝上提，身体直立。右手置于顶之左上方，五指向后，掌心向左上方。左手置于小腹前之右足侧，五指向前，掌心向下。（图2-63）

### 应用说明

敌以右手击我，我以左手捋之。敌上挑，我因彼之力，以右手上抛其臂，以右膝进击其小腹，更以左手乘势进击其胸。

图 2-63　金鸡独立一

## 【金鸡独立二】

### 姿势说明

右足下落，左膝上提，左手移于顶之左上方，五指向前，掌心向左上方。右手掌心向下，移于小腹前。全体重心，移于右足。（图2-64）

### 应用说明

敌以右手自左后方乘势而击我头，我以左手捋之，以左膝进击其腹。

图 2-64　金鸡独立二

## 【十字摆莲】

### 略释

十字摆莲者，双手移动，形如十字，同时起脚旁踢，开而复合也。

### 姿势说明

左手立掌向左方推出，右手横掌移至左腋下，掌心向下。同时左足向左开半步，弓膝，右腿蹬直。全体重心，移于左足。然后身体以左足为轴，由左而前而右旋转半圈，右手仍居于左腋下不动，惟左手移至顶上，掌心向右。然后右腿提起，由前而右而后，旁拨踢之。同时左手自后而前拍右足面，右手自前而后亦拍足右面，两手拍右足面时，略成十字，然后右足落下。（图 2-65）

图 2-65　十字摆莲

### 应用说明

敌自后击我，我身即后转，以手拨开敌手，复乘势以足旁踢之。

## 【搂膝指裆捶】

### 略释

搂膝指裆捶者，上步搂膝，乘势以拳击敌之裆也。

### 姿势说明

左足右上一步，弓膝，右腿蹬直。全体重心，移于左足。同时右手握拳，向右下方直击之。左手下搂左膝，复向上而抚右肱，以助其势，身体仍面右方。（图2-66）

### 应用说明

敌以右手击我，我以左手搂，开乘势以右拳进击其裆。

图2-66 搂膝指裆捶

## 【上步七星】

### 略释

上步七星者，向前进步作七星势也，其姿态有类北斗七星，故名。

### 姿势说明

左膝左弓，右足左进半步，足跟点地，置左足侧。全体重心，移于左足。同时左右手立掌垂肘交叉移至胸前，右手外而左手内，大指均与喉齐。（图2-67）

### 应用说明

方敌击我，我以左手外搂敌臂。敌抽身思遁，我即乘势上步，以右手进击其胸。

图2-67 上步七星

## 【退步跨虎】

**略释**

退步跨虎者，身体下踞，有若伏虎之状。

**姿势说明**

右足右退半步，膝微屈，左足右撤，足尖点地，置右足侧。全体重心，移于右足。同时左右手下落，向前后分开，两臂均与肩平，成一直线。惟左手下垂作钩状，右手立掌，掌心向前。（图 2-68）

**应用说明**

敌以右足踢我下部，我以左手向外搂开，复以右手乘势击敌之胁。

图 2-68　退步跨虎

## 【转身双摆莲】

**略释**

转身双摆莲者，将身旋转，双手起舞，同时双脚旁踢，开而复合也。

**姿势说明**

右手立掌移至左肩前，以右足为轴，身体由左而前而右而后，至仍面左方止。左足侧随之由后而左而前，至右足之右方落下。同时右手立掌向前方伸出，掌与肩平，左手立掌移至右肩前。然后右足提起，自后而左而前旁踢之，左右手自前而后先后拍右足面。而后两手握拳，置于左肋侧，右足向左前方落下。（图 2-69）

图 2-69　转身双摆莲

**应用说明**

敌之击我，我转身以避敌人之击，复用手拨开敌手，而以足从旁踢之。

## 【弯弓射虎】

**略释**

弯弓射虎之动作，有若猎夫骑马张弓射虎之状。

**姿势说明**

右足向左前方开一步，弓膝，左腿蹬直。全体重心，移于右足。同时双拳拳眼上下相对，右拳上而左拳下，徐徐移至胸前。然后由前而左循半圆形向左方伸出，右拳约与顶齐，左拳约与胸齐，拳眼仍上下相对。（图 2-70）

**应用说明**

敌以左手击我，我以右手捋之；敌欲后撤其臂，我顺其力而放之。

图 2-70　弯弓射虎

## 【合太极】

**略释**

合太极者，诸势练习既毕，动静归一，复还其始也。

**姿势说明**

左足左上一步，右足向左并步，身体自左而前旋转之，面向前方，身体直立，双臂下垂，复还原太极势。（图2-71）

图 2-71　合太极

# 太极拳打手论

打手者，研究懂劲之法也。先师曰："由着熟而渐悟懂劲，由懂劲而阶级神明。"旨哉言乎！夫究宜如何能着熟？宜如何始悟懂劲？宜如何阶级神明？此著者仅就二十余年来研究所得，不得不贡献于我同好者也。

夫太极拳之各势既以练习，则当首先注意姿势之是否正确、动作能否自然，待其既正确且自然矣，然后进而练习应用。应用既皆纯熟，斯可谓着熟也矣。

虽然，此不过彼往我来之一势一用而已耳。若彼连用数法，或因我之着而变化之，斯时也，则如之何？于是乎懂劲尚焉。

夫懂劲者，因己之不利处，推及彼之不利处也。方我之欲击敌也，心中必先具一念，然后始击之也。反是，彼能无此一念乎？虽智愚贤不肖异等，而其先具之一念，未尝异也。

故彼念既兴，我念亦起。真伪虚实，难测异常。苟无一定之主宰，则必至于张皇失措。方恐应敌之不暇，尚何希其致胜哉！

虽然，当击彼之念既起，则当存心彼我之着法孰速；欲击之目的孰当；彼未击致我身也，可否引其落空；或我之动作是否能动于彼先；待既击致我身也，宜如何变其力之方向，使落不及我身；或能因彼之力，而使其力折回而还彼身。此等存心，究宜如何始能得之，盖因我之某处惧彼之击也，彼之某处亦惧我之击，此明显之理也。然而避我之怕击处，击彼之怕击处，则彼欲胜，岂可得乎？孙子曰："知己知彼，百战不殆。"此之谓也。

方此时也，再能默识揣摩，渐至周身之不随意筋，亦能随意活动。全体各部，均能发现一种反射运动。自头至足，无一处不轻灵、无一处不坚韧、无一处不沉着、无一处不顺遂。通体贯串，丝毫无间。自能心恬意静，变化环生。故击敌之际，彼力离而未发，既能知其将发，彼何处欲动，既能知其将动。其心之所至，无不知之。此皆由于明乎运动发劲之理、刚柔动静之机所致也。

盖一动无有不动，一静无有不静，虚实分清，自能知其所以然矣。然后因力致胜、假力致胜、顺力致胜、逆力致胜、分力致胜、合力致胜，久而久之感物而动，遇力便晓。无论彼所用之力，为直线、为曲线、为弹簧线、为螺旋线，而我以无形无象、全身透空之身，加以出其不意之方法、轻灵奇巧之步法、闪展腾挪之身法、出入神速之手法，使敌瞻前忽后、仰高钻坚、虚实莫辨、应付为艰。当此时也，敌欲攻，而不得逞，敌欲逃，而不得脱。黄主一先生所谓"不用顾盼拟合，信手而应、纵横前后、悉逢肯綮"者，其太极拳打手之谓乎？斯时也，可谓懂劲矣！

懂劲后，愈练愈精，乃至舍己从人，随心所欲，不思而得，从容中道，非达于神明矣乎？学者，果能尽心研究之，则玄玄之理，有不斯然而然者。

虽然太极拳之妙用，三丰、宗岳诸先师已论之详矣！故不复云。然数百年来，能阐明其旨者，谁乎？要之，后有好事者，庶可因是而得之也。

# 太极拳打手歌

　　轻灵活泼求懂劲，阴阳既济无滞病，若得四两拨千斤，开合鼓荡主宰定。掤捋挤按须认真，上下相随人难进，任他巨力来打我，牵动四两拨千斤，引入落空合即出，黏连黏随不丢顶。採挒肘靠更出奇，行之不用费心思。果能轻灵并坚硬，得其环中不支离。

　　彼不动，己不动。彼微动，己先动。似松非松，将展未展，劲断意不断。

# 太极拳打手法说明

太极拳之诸势既已用毕，应用亦有端倪，乃可作进一步之研究，于是乎打手法尚焉。

夫打手者，二人互相对推，借习运劲发劲之理、刚柔变化之机，先求己之不利处，然后制人，乃再因己之不利而制人。

虽然，谈之为易，行之为艰。非有心法，胡可得也？余研究打手有年矣。师友过访，何千百计，然而刚者有之，柔者有之，能得其刚柔相济者，盖不多见也。于是不揣愚陋，择其柔刚既济之法，简而易学之方，作图立说，聊备有志之士，为入道之门云尔。

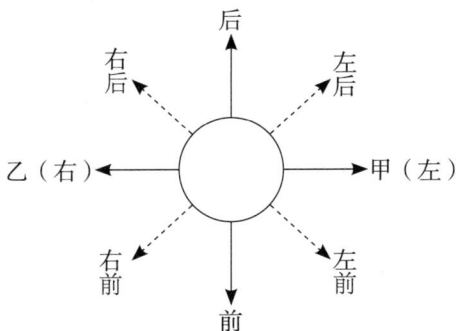

太极拳打手方向图

## 【太极拳打手法之基本坐腿法一】

### 姿势说明

身体面右而立作太极势，然后左足向右方迈出一步，足跟点地，足尖翘起，膝微屈，右足不动，而腿下坐。全体重心，移于右足。惟须立身中正，头正颈直，涵胸拔背，裹裆护臀。两臂立掌垂肘向右方提起，渐渐移至胸前，左手五指向上，掌心向后方，大指约与鼻齐。右手五指向上，掌心向前方，置于左手与胸之间。惟大指约与喉齐。虚领顶劲，气沉丹田，中立不倚，忽隐忽现，全体轻灵活泼，出于自然，勿令丝毫迟滞耳。（图2-72）

## 【太极拳打手法之基本坐腿法二】

**姿势说明**

图 2-72　基本坐腿法一

身体面右而立作太极势，然后右足向右方迈出一步，足跟点地，足尖翘起，膝微屈，左足不动，而腿下坐。全体重心，移于左足。惟须立身中正，头正颈直，涵胸拔背，裹裆护臀。两臂立掌垂肘向右方提起，渐渐移至胸前，右手五指向上，掌心向前方，大指约与鼻齐。左手五指向上，掌心向后方，置于右手与胸之间。惟大指约与喉齐。虚领顶劲，气沉丹田，中立不倚，忽隐忽现，全体轻灵活泼，出于自然，勿令丝毫迟滞耳。（图2-73）

图 2-73　基本坐腿法二

## 【太极拳打手法之基本搭手法一】

**姿势说明**

甲乙二人左右对面而立，同作基本坐腿法一，相距约一步远。然后甲之右腕与乙之右腕相搭，甲之左手贴乙之右肘，乙之左手贴甲之

右肘。惟须神舒体静，处处轻灵，以待敌之变化耳。（图2-74）

## 【太极拳打手法之基本搭手法二】

### 姿势说明

甲乙二人左右对面而立，同作基本坐腿法二，相距约一步远。然后甲之左腕与乙之左腕相搭，甲之右手贴乙之左肘，乙之右手贴甲之左肘。惟须神舒体静，处处轻灵，以待敌之变化耳。（图2-75）

图2-74　基本搭手法一

## 【掤捋挤按打手法】

掤捋挤按者，四正方练习应敌之法也。为太极拳中之最重要者。然已往诸贤名著，只载其名，而于练习之法，如何应用，未曾提及。以致学者无从学起。今用科学方法将诸法分析说明，待其根基既立，然后从事于採挒肘靠打手法之练习，庶不至望洋兴叹也。

图2-75　基本搭手法二

## 【掤之打手法一】

### 略释

掤者，捧也，敌击我，而我因彼力斜上方捧之，使其力复还于其身，而不得下降也。

**姿势说明**

甲乙二人左右对面而立，同作基本搭
手法一，则甲以右腕搭乙之右腕，甲之左
手贴乙之右肘，向乙身之斜上方掤去，同时
甲之左膝右弓，右腿蹬直，全体重心，移
于左足，面向右方，目注乙面。（图2-76）

图 2-76　掤之打手法一

**应用说明**

敌为我掤起，则失其固有之能力，我向右上方承其力而抛掷之。


## 【掤之打手法二】

**略释**

同前。

**姿势说明**

甲乙二人左右对面而立，同作基本搭
手法一，则乙以右腕搭甲之右腕，乙之左手
贴甲之右肘，向甲身之斜上方掤去，同时乙
之左膝左弓，右腿蹬直，全体重心，移于左
足，面向左方，目注甲面。（图2-77）

**应用说明**

同前，惟右上方为左上方。

图 2-77　掤之打手法二

## 【掤之打手法三】

**略释**

见前。

**姿势说明**

甲乙二人左右对面而立，同作基本搭手法二，则甲之左腕搭乙之左腕，甲之右手贴乙之左肘，向乙身之斜上方掤去，同时甲

图 2-78 掤之打手法三

之右膝右弓，左腿蹬直，全体重心，移于右足，面向右方，目注乙面。（图 2-78）

**应用说明**

同前一。

## 【掤之打手法四】

**略释**

见前。

**姿势说明**

甲乙二人左右对面而立，同作基本搭手法二，则乙以左腕搭甲之左腕，乙之右手贴甲之左肘，向甲身之斜上方掤去，同时乙之右膝左弓，左腿蹬

图 2-79 掤之打手法四

直，全体重心，移于右足，面向左方，目注甲面。（图 2-79）

**应用说明**

同前二。

## 【捋之打手法一】

**略释**

捋者，舒也，敌掤我，我向斜下方捋之，以舒其力。

**姿势说明**

由掤之打手法一，则乙既为甲掤起，乙即涵胸，将身向后微移，用右手揽甲之右腕，左手贴甲之右肘，向前下方捋之。同时乙之左足尖翘起，右腿下踞，全体重心，移于右足。面向左方，目注甲面。（图2-80）

**应用说明**

方我被敌掤起之时，我即因彼之力，向前下方顺其力而捋之。

图 2-80　捋之打手法一

## 【捋之打手法二】

**略释**

同前。

**姿势说明**

由掤之打手法二，则甲既为乙掤起，甲即涵胸，将身向后微移，用右手揽乙之右腕，左手贴乙之右肘，向后下方捋之。同时甲之左足尖翘起，右腿下踞，全体重心，移于右足。面向右方，目注乙面。（图2-81）

**应用说明**

同前，惟前下方为后下方。

图 2-81 捋之打手法二

## 【捋之打手法三】

**略释**

见前。

**姿势说明**

由掤之打手法三，则乙既为甲掤起，乙即涵胸，将身向后微移，用左手揽甲之左腕，右手贴甲之左肘，向后下方捋之。同时乙之右足尖翘起，左腿下踞，全体重心，移于左足。面向左方，目注甲面。（图2-82）

**应用说明**

同前二。

图 2-82 捋之打手法三

## 【捋之打手法四】

**略释**

见前。

**姿势说明**

由掤之打手法四，则甲既为乙掤起，甲即涵胸，将身向后微移，用左手揽乙之左腕，右手贴乙之左肘，向前下方捋之，同时甲之右足尖翘起，左腿下踞，全体重心，移于左足。面向右方，目注乙面。（图2-83）

图 2-83　捋之打手法四

**应用说明**

同前一。

## 【挤之打手法一】

**略释**

挤者，排也，敌之以双手捋我，我将肱平屈而排挤之，使敌之双手均避于怀内，而不得移动。

**姿势说明**

由捋之打手法一，则甲因乙之捋，即将右肱平屈，向乙胸间挤去，避其双手于怀内，同时将左手按右肱以助其势。并将左膝右弓，

右腿蹬直，全体重心，移于左足。面向右方，目注乙面。（图2-84）

**应用说明**

敌捋我右臂，我将右肱平屈，因彼之捋力，向敌胸间挤去，以避敌之双手，然后以左手助右肱而抛掷之。

图 2-84 挤之打手法一

## 【挤之打手法二】

**略释**

同前。

**姿势说明**

由捋之打手法二，则乙因甲之捋，即将右肱平屈，向甲胸间挤去，避其双手于怀内，同时将左手按右肱以助其势。并将左膝左弓，右腿蹬直。全体重心，移于左足。面向左方，目注甲面。（图2-85）

**应用说明**

同前。

图 2-85 挤之打手法二

## 【挤之打手法三】

**略释**

见前。

**姿势说明**

由捋之打手法三，则甲因乙之捋，即将左肱平屈，向乙胸间挤去，避其双手于怀内，同时将右手按左肱以助其势，并将右膝右弓，左腿蹬直。全体重心，移于右足。面向右方，目注乙面。（图 2-86）

**应用说明**

见前二，惟左手助右肱为右手助左肱。

图 2-86　挤之打手法三

## 【挤之打手法四】

**略释**

见前。

**姿势说明**

由捋之打手法四，则乙因甲之捋，即将左肱平屈，向甲胸间挤去，避其双手于怀内，同时将右手按左肱以助其势，并将右膝左弓，左腿蹬直。全体重心，移于右足。面向左方，目注甲面。（图 2-87）

图 2-87　挤之打手法四

**应用说明**

同前三。

## 【按之打手法一】

**略释**

按者，抑也，敌挤我，我下按而抑其力，使其力不能上腾。

**姿势说明**

由挤之打手法一，则乙既被甲挤起，乙即涵胸垂肘，双手下按，以抑其力。同时左膝左弓，右腿蹬直，全体重心，移于左足。面向左方，目注甲面。（图2-88）

图 2-88　按之打手法一

**应用说明**

敌以右肱挤我，我即涵胸，将手下按，以抑其力。待其力既空，然后再抛掷之。

## 【按之打手法二】

**略释**

同前。

**姿势说明**

由挤之打手法二，则甲既被乙挤起，甲即涵胸垂肘，双手下按，以抑其力。同时左膝右弓，右腿蹬直，全体重心，移于左足。面向右方，目注乙面。（图2-89）

**应用说明**

同前。

图 2-89　按之打手法二

## 【按之打手法三】

**略释**

见前。

**姿势说明**

由挤之打手法三，则乙既被甲挤起，乙即涵胸垂肘，双手下按，以抑其力。同时右膝左弓，左腿蹬直，全体重心，移于右足。面向左方，目注甲面。（图2-90）

**应用说明**

见前。

图 2-90　按之打手法三

## 【按之打手法四】

**略释**

见前。

**姿势说明**

由挤之打手法四，则甲既被乙挤起，甲即涵胸垂肘，双手下按，以抑其力。同时右膝右弓，左腿蹬直，全体重心，移于右足。面向右方，目注乙面。（图2-91）

**应用说明**

见前。

图 2-91　按之打手法四

## 【太极拳打手法之基本搭手法三】

甲乙二人左右对面而立，相距约一步远，同作太极势。然后甲乙各将右臂抬起，甲之右腕与乙之右腕相搭，甲之左手贴乙之右肘，乙之左手贴甲之右肘，身体直立，目均平视。（图2-92）

图 2-92　基本搭手法三

## 【太极拳打手法之基本搭手法四】

甲乙二人左右对面而立，相距约一步远，同作太极势。然后甲乙各将左臂抬起，甲之左腕与乙之左腕相搭，甲之右手贴乙之左肘，乙之右手贴甲之左肘，身体直立，目均平视。（图2-93）

图 2-93　基本搭手法四

## 【採捌肘靠打手法】

採捌肘靠打手法者，四隅角练习应敌之法也。然而此法周行四隅，动作较为复杂。故当今国术同志，能者亦甚罕睹，兹用科学方法，将诸法一一分析说明，使学者一目了然，循序渐进，不难达于神明也。

## 【採之打手法一】

### 略释

採者，摘也，择而取之之谓，盖御敌之时，将敌人之力，向旁牵引，如选物者，先择而后取之，转置他方之意也。

### 姿势说明

甲乙二人左右对面而立，同作基本搭手法三。甲则以右手揽乙之右腕，左手贴乙之右肘，向左后下方採之。同时甲将右足向左后方开一步，双腿下蹲，全体重心，移于两足间之中点，面向右后方，目注乙面。

乙将左足向左后方开一步，右足向甲裆中插入一步，足跟点地，

足尖翘起。同时将右臂向左后下方伸出，左手抚右肱以助之。面向左前方，目注甲面。全体重心，移于左足。（图2-94）

**应用说明**

敌人欲捋我右臂，我平移敌人之力而採之，或击或掷，皆由我便。

图 2-94　採之打手法一

## 【採之打手法二】

**略释**

见前。

**姿势说明**

甲乙二人左右对面而立，同作基本搭手法四。甲则以左手揽乙之左腕，右手贴乙之左肘，向左前下方採之。同时将左足向左前方开一步，双腿下踞，全体重心，移于两足间之中点。面向右前方，目注乙面。

图 2-95　採之打手法二

乙将右足向左前方开一步，左足向甲裆中插入一步，足跟点地，足尖翘起。同时将左臂向左前下方伸出，右手抚左肱以助之。面向左后方，目注甲面。全体重心，移于右足。（图2-95）

**应用说明**

同前，惟右臂为左臂。

## 【捌之打手法一】

**略释**

捌者，以手执物而力转之，盖御敌之时，转移敌人之力，还击其身也。

**姿势说明**

由采之打手法一，则甲用左手按乙之左腕，右手贴乙之左肘向下按之。同时甲之右足向右后方开一步，左足由乙之右足外提起，向乙之裆中插入一步，足跟点地，足尖翘起。同时左臂向右后下方伸出，右手抚左肱以助之。面向右前方，目注乙面。全体重心，移于右足。

图 2-96 捌之打手法一

乙则将左足向右后方开一步，双腿下蹲，全体重心，移于两足间之中点。同时左手揽甲之左腕，右手贴甲之左肘，向右后下方将之。面向左后方，目注甲面。（图 2-96）

**应用说明**

敌因我之采力，以肩肘来靠我胸，我转移其力之方向，使敌人之力，还击于其身。

## 【捌之打手法二】

**略释**

见前。

**姿势说明**

由採之打手法二，则甲用右手按乙之右腕，左手贴乙之右肘向下按之。同时甲之右足由乙之左足外提起，向乙之裆中插入一步，足跟点地，足尖翘起，全体重心，移于左足。同时右臂向右前下方伸出，左手抚右肱以助之。面向右后方，目注乙面。

图 2-97　挒之打手法二

乙将右足向右前方开一步，双腿下蹲，全体重心，移于两足间之中点。同时右手揽甲之右腕，左手贴甲之右肘，向右前下方挒之。面向左前方，目注甲面。（图 2-97）

**应用说明**

同前。

## 【肘之打手法一】

**略释**

肘者，臂之弯曲处之外侧也，应敌之时，因彼之挒力，乘势以肘击敌也。

**姿势说明**

由挒之打手法一，则甲将左臂上拨，同时将左足抽出，向左前方开一步，双腿下蹲，全体重心，移于两足间之中点。并以左手揽乙之左腕。右手贴乙之左肘，向左前下方挒之。面向右前方，目注乙面。

乙因甲之拨力，用左掌向甲之面部扑击，并以右手按甲之左肘，向左前下方捯之。同时右足向左前方开一步，左足向甲裆中插入一步，足跟点地，足尖翘起。左臂向左前下方伸出，以右手抚左肱以助之。面向左后方，目注甲面。（图2-98）

图2-98　肘之打手法一

**应用说明**

敌既将我捯起，我因其力向前进身，乘势以肘击敌之胸。

## 【肘之打手法二】

**略释**

见前。

图2-99　肘之打手法二

**姿势说明**

由捯之打手法二，则甲将右臂上拨，同时将右足抽出，向左后方开一步，双腿下蹲，全体重心，移于两足间之中点。并以右手揽乙之右腕。左手贴乙之右肘，向左后下方将之。面向右后方，目注乙面。

乙因甲之拨力，用右掌向甲之面部扑击，并以左手按甲之右肘，向左后下方捯之。同时左足向左后方开一步，右足向甲裆中插入一步，足跟点地，足尖翘起。右臂向左后下方伸出，以左手抚右肱以助之。面向左前方，目注甲面。（图2-99）

**应用说明**

同前。

## 【靠之打手法一】

**略释**

靠者，依他物以为安固之谓，于应敌之际，因敌力向前进身，乘势以肩靠之。

**姿势说明**

由肘之打手法一，则甲以右手按乙之右腕，左手贴乙之右肘，向下按之，同时甲之右足由乙之左足外提起，向乙之裆中插入一步，足跟点地，足尖翘起。全体重心，移于左足。同时右臂向右前下方伸出，左手抚右肱以助之，面向右后方，目注乙面。

图 2-100　靠之打手法一

乙将右足向右前方开一步，双腿下踞。全体重心，移于两足间之中点。同时右手揽甲之右腕，左手贴甲之右肘，向右前下方将之。面向左前方，目注甲面。（图 2-100）

**应用说明**

敌採我，我即因彼之力，以肩靠敌之胸。

## 【靠之打手法二】

### 略释

见前。

### 姿势说明

由肘之打手法二，则甲以左手按乙之左腕，右手贴乙之左肘，向下按之，同时甲之左足由乙之右足外提起，向乙之裆中插入一步，足跟点地，足尖翘起。全体重心，移于右足。同时左臂向右后下方伸出，右手抚左肱以助之。面向右前方，目注乙面。

图 2-101　靠之打手法二

乙将左足向右后方开一步，双腿下蹲，全体重心，移于两足间之中点。同时左手揽甲之左腕，右手贴甲之左肘，向右后下方将之。面向左后方，目注甲面。（图 2-101）

### 应用说明

同前。

内家拳太极功玄玄刀

# 总论

　　吾国开化最早，幅员之广，人口之众，物产之丰，甲于世界，宜可以臻于富强，雄视宇内矣。然至今日，衰弱至此，其故何哉？虽其病原恐多，究其主因，则在国民体质之不强健、精神之不振作故也。语曰："健全之精神，恒宿于健全身体之中。"然则无健全之身体，即无健全之精神也明矣。既无健全之精神，欲求钻究科学，应付环境，以竞存于现世，岂可得乎？此所以病夫之国，恒致外侮；羸弱之民，难充捍卫，人为刀俎，我为鱼肉矣！哀哉！著者有鉴于此，遂发愤提倡国术，自强不息，并期唤醒国人，毋再偷惰因循，泄泄沓沓，必须群策群力，一德一心，共为国术之运动，使国民之身体与精神，俱臻于健全之地位，则伟大之创作与建设，自有成功之希望。西人称吾国为睡狮，殆将一吼而跃起矣！

　　昔黄帝有导引之术，开国术之端，三代盛时，羽钺干戈，童而习之。盖所以强族强种，卫身卫国也。厥后专制帝王，不加提倡，惟恐国民一具健全之身体与精神，倘不满于朝廷施措之时，无以应付，于是有重文轻武之举。迨以文取士之制既定，则国民终身埋没于词章帖括之中，对于身体之健强，已无暇顾及矣。此国家之提倡如此也。至于国民之本身，鉴于国家之忽视，则贤者不屑为，为之者，非赳赳武夫，即椎鲁细民。率皆不学无识者流，别派分支，私立门户。间有独得之妙，即秘而不宣，以为无上真谛。盖恐后之学者，其将优于我也。殊不知"闻道有先后，术业有专工""师不必贤于弟子"，何况学无止境，愈研愈精，岂可闭门造车，管中窥豹耶？甚有囿门户之见，入主出奴，互相仇视者，更不足论矣。既不能公开讲习，又不能笔之于书，中人以上，见其如此，又焉得虚心而问津者焉？此吾国武术堕落之一大原因也。

虽然，当今提倡国术之方针，果宜如何耶？必当去已往之恶例、除门户之偏见、破秘守之陋习、阐公开之风气。采用科学方法而归纳之，使全民均有练习国术之机会。于国术本身亦务使其合乎动力与心理，本诸生理与卫生。不拘时间，不限地方，不费金钱，不尚拙力，不论老弱妇孺，均可练习，则国术之地位因之日益增高，其原理日渐明确，其功用日益显著矣！此非达到国术科学化，团体化与平民化也哉？

　　至于欧美式之运动，固亦强身之一道。也然其动作激烈，设备复杂，未免失之于贵族化，故不足取也。且在同一之时间与地方，不能使全体同时练习，已失去练习机会均等之原则。至若欧美式体操，固能多数人同时练习，乃因其迳走直线，与生理诸多乖谬（详见大东书局出版《太极操》中），亦未能尽美尽善。倘自今以往，国人能全体一致，提倡国术，互相探讨，加紧锻炼，不出十年，国民体质，均可强健。则健全之国家，亦可因之而产出。庶我中华民族，能与世界列强并驾齐驱，帝国主义自然闻风败走，一切不平等条约，不待废而自除。此非达到自由平等之地位也欤？

　　以此论之，国术之宜提倡，固不容缓。然国术种类繁多，何者有益于身心？何者合乎科学之原理？故于选择一道，亦为当务之急。昔王渔洋先生曰："少林为外家，武当张三丰为内家。"黄百家先生云："自外家至少林，其术精矣，张三丰既精于少林，复从而翻之，是名内家，得其一二者，已足胜少林。"于斯可见少林为外家之结晶，而内家又为少林之结晶。青出于蓝，冰寒于水。故吾提倡国术，自当取其晶英，去其糟粕。然则提倡内家拳似较外家为宜耳。诚以张三丰先生既精于外家与少林，复能加意陶冶，融会贯通，斯为内家，实为上乘。予以为提倡国术，自应不尚险、不矜奇。简而易学，用之不尽，庶易普及，而健康可期。夫内家拳者，固亦有多种焉。而今尚存于世者，惟有太极功耳。夫太极功者，养生之唯一良法也。以意气为主，以骨肉为宾，身心兼顾，无过不及。至其练习既久，则身体本乎天然优美之发育。非似其他拳法之偏于局部，作畸形发展。及其变化既通，则周身之不随意肌亦能随意活动，全体各部，均能发现一种反射运动。自头至足，无一处不轻灵、无一处不坚韧、无一处不沉着、无一处不顺遂。通体贯串，丝毫无间。自然心恬意静，变化环生。故内家拳者，研究变化者也；外家拳者，研究方法者也。变化如循环之无端，方法有时而穷尽。两者相比，自有天壤云泥之别焉。且内家拳有神有形，形在外而神蓄其中。故其举止灵敏，动作迅速，进退顾盼，无往不利者，其神全也。

孙子曰："兵闻拙速，未睹巧之久也。"然则内家拳岂不然乎？其所以示人以慢者，惟恐初学者贪快，姿势不易正确，动作不易自然。至其运用已熟，进退得体，攻守得当，敌速则速，敌慢则慢，所谓因敌变化，以示神奇。其内家拳之谓乎？

至于内家拳之源流与学理、姿势与应用，已详论于《科学化的国术太极拳》中，已在商务印书馆出版。故不多述。惟刀剑诸法，世少其传。曩昔攻城野战，莫不恃器械以致胜。故研究国术者，对于刀剑诸法，亦不可不知。予陋甚，醉心国术，二十余年，尝思多所撰述，以广流传，无如每以事牵，时作时辍。民十八（1929）春，草创太极刀法，旋以忧于采薪，未能卒其业。今秋来沪，竟于公余而草成之，亦一快事也。

予刀法既成，适值同道诸公，函请付梓，督促甚急，予亦不揣愚陋，仅就管见所及，笔之于书，命名为《内家拳太极功玄玄刀》。盖玄玄者，无穷之意也。又张三丰先师之道号也。以示后之学者，知刀法之传自三丰先师始，而其变化，玄之又玄，奥妙无穷也。且刀法之名目，久已失传，无法可考。予乃按其各势之形态与应用之方法，互相参酌，为之一一拟订。至其如何练习？如何应用？均分述之于后。聊备有志国术者，作为参考而已。

虽然，近世发明火器，攻坚射远，势足吓人。然而酣战之际，肉迫交绥，亦恒赖乎白刃。故玄玄刀者，仍能作火器之后盾也哉！是为论。

# 各论

玄玄刀为口授之学，名目失传已久矣。故姿势应用，亦因人而不同。有以平易为贵者，有以险奇为能者，初学无所适从。予选其姿势简而易学，与夫便于了解者存之，按势各拟订一名。并加姿势应用等说明，使初学循序渐进，摹而仿之，既有规矩之可循，又饶变化之兴趣。果能玩索有得，不难达于神而明之，奥妙无穷也。谨将玄玄刀分势作图立说如下，以备有志刀法者，知所问津焉。

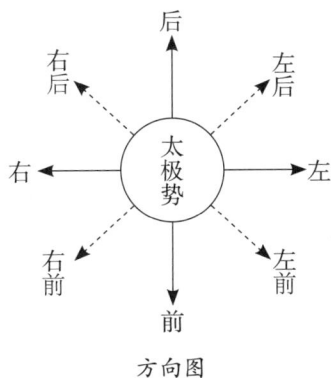

后

右后　　　左后

右　　太极势　　左

右前　　　左前

前

方向图

## 【太极势】

### 姿势说明

身体直立，面向前方。头正，颈直，涵胸，拔背，两臂从容下垂，左手捧刀，刀柄置左胯旁边，刀刃向前，刀尖向上，但刀背务须与左臂贴着。右手五指向前，掌心向下按，置于右胯旁边。两足平行分开，中间距离以肩为度。目平视。（图3-1）

图3-1　太极势

## 【揽雀尾一】

### 姿势说明

左足前上一步，膝前屈。右足不动，腿向下坐。全体重心，均在右足。同时左手捧刀提至胸前，刀刃向上，刀尖向左，刀柄在右肩前。右手提起，至胸与刀之中间为止，五指向上，掌心向前。身体中正安舒，目平视。（图3-2）

图3-2　揽雀尾一

## 【揽雀尾二】

### 姿势说明

左足尖向右前方移动（即45°角），右足向右方上一步（即90°角），足跟着地，足尖翘起。身体转向右方。全体重心，均在左足。同时左手捧刀向右方微移动，刀柄向右，刀刃向上，刀尖向左。右手垂肘立掌向右方伸出，大指约与鼻齐。目注右方。（图3-3）

## 【揽雀尾三】

图3-3　揽雀尾二

### 姿势说明

右手向左下方将，然后向右方伸出，再由右而后而左转一半圆，复向右方推出。左手捧刀与右手系同一之动作。刀柄置于右腕旁边，刀

刀向上，刀尖向左。同时右足尖下落，膝向右弓，左腿蹬直。全体重心，移在右足。身体向右方，目平视。（图3-4）

图 3-4　揽雀尾三

## 【上步搂膝】

**姿势说明**

左足向左后方迈一步，膝向左弓，右腿蹬直。全体重心，均在左足。同时左手捧刀搂过左膝，刀柄置于左胯旁边，刀刃向左，刀尖向上。右手向左方推出。面向左方，目平视。（图3-5）

图 3-5　上步搂膝

## 【分刀式】

**姿势说明**

右手下落至左膝前，然后向外旋转一圆圈。左手捧刀亦至腹前，即将刀柄交与右手，然后左手即握右腕。刀柄置在左膝之左方，刀刃向左后下方，刀背与左臂相贴，刀尖向右后上方，面向左方，目平视。全体重心，均在左足。（图3-6）

图 3-6　分刀式

## 【闪展看刀式】

### 姿势说明

右足向左前方上一步，弓膝，左腿蹬直。全体重心，均在右足。同时右手持刀上提，刀柄约与鼻齐，刀刃向左方，刀尖向下垂直。左手立掌垂肘向上提至胸前与刀背平行。身体向左方，目平视。（图3-7）

图3-7 闪展看刀式

### 应用说明

敌人用枪向我胸间来刺，我即提刀向外支开，以待其变。

## 【左摘星式】

### 姿势说明

左足向左后方进一步，弓膝，右腿蹬直。全体重心，均在左足。同时右手持刀自左而后绕头一周，然后向左后上方撩出，左手掌抚右腕以助其势。刀尖向左后上方，刀刃向右后上方。身体向左后方，目注刀尖。（图3-8）

图3-8 左摘星式

応用说明

应用说明

敌人用枪刺我胸部，我用刀挂开，敌抽枪后退，我乘势进步以刀斩敌之头。

## 【右摘星式】

姿势说明

右足向左前方进一步，弓膝，左腿蹬直。全体重心，均在右足。同时右手持刀由左后方向右后方下劈，然后向左前方撩出，刀尖向左前上方，刀刃向右前上方。左手仍抚右腕以助其势。身体向左前方，目注刀尖。（图3-9）

图 3-9　右摘星式

应用说明

敌人用枪刺我下部，我用刀将枪向外拨开，然后用刀进斩敌人之头。

## 【卸步捋刀】

姿势说明

右足向右方撤回半步，足尖点地，左腿下坐。全体重心，均在左足。同时右手持刀下捋，刀柄在右膝旁边，刀尖向左方，刀刃向下。

面向左方，目平视。（图3-10）

**应用说明**

敌人用枪向我腿部来扎，我卸半步，顺枪之扎力用刀捋敌之枪。以待其变。

图 3-10　卸步捋刀

## 【分心刺】

**姿势说明**

右足向左方进半步，弓膝，左腿蹬直。全体重心，均在右足。同时右手持刀向左方直刺，刀尖向左方，刀刃向下，左手向右方伸出，五指向右，掌心向下。面向左方，目注刀尖。（图3-11）

**应用说明**

敌人之枪，既然被我捋着，敌即抽枪以图变更方法，再来刺我。我乘敌抽枪之际，进步刺敌之胸。

图 3-11　分心刺

## 【左挂金铃】

**姿势说明**

右足向右方撤回半步，足尖点地，左腿下坐。全体重心，均在左足。同时右手持刀自左方向右后方反挂撤回，刀柄置左耳旁边，刀刃向上，刀尖向左方，左手自右方抽回，掌抚刀柄以助其势。面向左方，目平视。（图3-12）

**应用说明**

敌人用枪刺我头部，我用刀向外挂开，以观敌变。

图 3-12　左挂金铃

## 【推窗望月】

**姿势说明**

右足向左方进半步，左足再向左前方上一步，弓膝，右腿蹬直。全体重心，均在左足。同时右手持刀向左前方撩出，刀尖向左前下方，刀刃向左前上方，左手立掌垂肘在刀与胸之间。面向左前方，目注左前上方。（图3-13）

图 3-13　推窗望月

**应用说明**

敌人抽枪向我腹部扎来，我用刀撩开敌枪，乘势上步，顺枪而进，以撩敌之前手。

## 【回身劈】

### 姿势说明

身体向右后方旋转，右膝向右后方弓出，左腿蹬直。全体重心，均在右足。同时右手持刀由左前方上提，向右后方劈下，刀柄置右膝前，刀尖向右后下方，刀刃向下。左手抚右腕以助其势。面向右后下方，目注刀尖。（图3-14）

图 3-14　回身劈

### 应用说明

敌人自身后用枪来刺，我转身躲过敌枪，用刀劈敌之头。

## 【回身撩阴刀】

### 姿势说明

身体由右后方向左前方旋转，右足向左前方进一步，弓膝，左腿蹬直。同时右手持刀由右后方向左前方撩出，刀尖向左前下方，刀刃向左前上方。左手抚右腕以助之。目注刀尖，全体重心，均在右足。（图3-15）

图 3-15　回身撩阴刀

## 应用说明

敌人自我身后用枪来扎，我转身闪开敌枪，乘势上步，用刀斩（斫）敌腿部。

## 【左挂金铃】

### 姿势说明

右足向前方撤回半步，足尖点地，左腿下坐。全体重心，均在左足。同时右手持刀从左前方向右后方反挂撤回，刀柄置左耳旁边，刀刃向上，刀尖向左方，左手从左前方撤回，掌抚刀柄以助其势。面向左方，目平视。（图3-16）

图3-16 左挂金铃

### 应用说明

敌人用枪刺我头部，我用刀向外反挂，以待敌变。

## 【登山远眺】

### 姿势说明

左足向左前方上一步，弓膝，右腿蹬直。全体重心，均在左足。同时右手持刀向左前方撩出。刀尖向左前方，刀刃向左前上方，刀

柄置右耳侧。左手立掌垂肘抚刀柄以助之。面向左前方，目平视。（图3-17）

**应用说明**

敌人用枪刺我下部，我用刀撩开敌枪，乘势向前进步，用刀刺敌之喉。

图 3-17　登山远眺

## 【鹞子翻身】

**姿势说明**

右手持刀不动，身体由右臂下转出。右足提起，足尖下垂，以左腿直立为轴，自左前方而右方，至面向左后方为止，旋转三直角。然后右手持刀向右后方抱回。刀尖向左前方，刀刃向上。左手抚刀柄以助之。面向左前方，目注刀尖。（图3-18）

**应用说明**

敌人用枪刺我背部，我翻身躲开敌枪，双手抱刀，以观其变。

图 3-18　鹞子翻身

## 【大鹏展翅】

### 姿势说明

右足向左前方上一步，弓膝，左腿蹬直。全体重心，均在右足，同时右手持刀向左前方刺出，刀尖向左前上方，刀刃向上，左手向右后方平伸，面向左前方，目注刀尖。（图3-19）

图 3-19　大鹏展翅

### 应用说明

敌人用枪刺我胸部，我用刀顺其枪杆而进，斩敌之头。

## 【燕子入巢】

### 姿势说明

右腿向右后方平踢，右手持刀由左前方而下向右后方撩出，与右腿平行。刀尖向右后方，刀刃向上，左手抚右腕以助之。面向右后方，目平视。全体重心，均在左足。（图3-20）

图 3-20　燕子入巢

### 应用说明

敌人用枪自身后来刺，我转身用足踢开，乘势以刀撩取敌人之手。

## 【进步掳刀】

### 姿势说明

右足向右后方进一步，弓膝，左腿蹬直。全体重心，均在右足。同时右手持刀向下沉掳，刀柄置右胯旁边，刀尖向右后方，刀刃向下。左手立掌垂肘置于胸前，面向右后方，目平视。（图3-21）

图 3-21　进步掳刀

### 应用说明

敌人用枪刺我下部，我用刀向下掳着敌枪，以观其变。

## 【迎面刺】

### 姿势说明

左足向右后方进一步，弓膝，右腿蹬直。全体重心，均在左足。同时右手持刀向右后方平刺，刀尖向右后方，刀刃向下。左手抚右肱以助之。面向右后方，目平视。（图3-22）

图 3-22　迎面刺

### 应用说明

敌人向后抽枪，我乘其抽力，用刀向敌面部刺去。

## 【翻身藏刀式】

### 姿势说明

身体转向左方，右足向左前方迈半步，弓膝，左腿蹬直。全体重心，均在右足。同时右手持刀由右后方而后方，而左方，而前方，乃复上提缠头旋绕一周，然后刀柄置于右胯旁边，刀尖向左方，刀刃向下。左手立掌垂肘置于胸前。面向左方，目平视。（图3-23）

图 3-23　翻身藏刀式

### 应用说明

敌人自身后用枪刺我下部，我翻身用刀拨开，敌又用枪刺我头部，我用刀缠头支开敌枪，将刀藏于胯旁，以待敌变。

## 【指裆刀】

### 姿势说明

右手持刀向左后下方刺出，刀尖向左后下方，刀刃向下，左手抚右肱以助之，面向左后方，目注刀尖。（图3-24）

### 应用说明

图 3-24　指裆刀

敌人向后抽枪，我乘其不备，用刀刺敌之裆。

## 【打虎式】

### 姿势说明

左足向左后方上一步，弓膝，右腿蹬直。全体重心，均在左足。同时右手持刀向左前方下劈，刀尖向左前下方，刀刃向下，左手横于顶上，以助其势。面向左前方，目注刀尖。（图3-25）

图3-25　打虎式

### 应用说明

敌人用枪刺我腰部，我斜上一步以避其锋，乘势用刀劈敌。

## 【燕子入巢】

### 姿势说明

右足向左后方平踢，左腿直立。全体重心，均在左足。同时右手持刀向左后方撩出，刀与右腿平行，刀尖向左后方，刀刃向上。左手抚右肱以助之。面向左后方，目平视。（图3-26）

### 应用说明

敌人用枪自旁边来刺，我转身用足踢开，乘势以刀撩取敌人之手。

图3-26　燕子入巢

## 【进步掳刀】

### 姿势说明

右足向左后方进一步，弓膝，左腿蹬直。全体重心，均在右足。同时右手持刀向下沉掳，刀柄置于右胯旁边，刀尖向左后方，刀刃向下。左手立掌垂肘置于胸前。面向左后方，目平视。（图3-27）

图3-27 进步掳刀

### 应用说明

敌人用枪刺我下部，我用刀向下掳着敌枪，以观其变。

## 【苍龙出水】

### 姿势说明

左足向左后方进一步，弓膝，右腿蹬直。全体重心，均在左足。同时右手持刀向左后方平刺，刀尖向左后方，刀刃向下，左手横掌置于顶上。面向左后方，目平视。（图3-28）

### 应用说明

敌人向后抽枪，我乘势进步，用刀刺敌人之喉。

图3-28 苍龙出水

## 【翻身藏刀式】

### 姿势说明

右足向右后方开一步，弓膝，左腿蹬直。全体重心，均在右足。同时右手持刀上提，然后向右方下落，刀柄置于右胯旁边，刀尖向右方，刀刃向下。左手立掌垂肘置于胸前。面向右方，目平视。（图 3-29）

图 3-29　翻身藏刀式

### 应用说明

敌人自身后用枪刺我下部，我转身用刀拨开，以待敌变。

## 【上三开式】

### 姿势说明

左腿直立，右膝上提。全体重心，均在左足。同时右手持刀向右方平刺，刀尖向右方，刀刃向下。左手立掌向左方推出。面向右方，目平视。（图 3-30）

图 3-30　上三开式

### 应用说明

敌人用枪刺我腿部，我将膝上提以避之，然后用刀进刺敌人之喉。

## 【带醉脱靴】

### 姿势说明

右腿向右方平踢，同时右手持刀向怀内抱回，刀柄置于胸前，刀尖向右方，刀刃向上。左手抚右腕以助之。面向右方，目平视。（图3-31）

图3-31 带醉脱靴

### 应用说明

敌人用枪刺我胸部，我用刀挂开，乘势以足踢敌之前手。


## 【推窗望月】

### 姿势说明

右足向右方下落，左足向右后方上一步，弓膝，右腿蹬直。全体重心，均在左足。同时右手持刀向右后方撩出，刀尖向右后下方，刀刃向右后上方。左手立掌垂肘置于刀与胸之间。面向右后方，目平视。（图3-32）

图3-32 推窗望月

### 应用说明

敌人用枪向我腹部刺来，我用刀撩开敌人之枪，乘势上步，顺枪而进，以取敌人之前手。

## 【翻身藏刀式】

### 姿势说明

右足向左前方开半步，弓膝，左腿蹬直。全体重心，均在右足。同时右手持刀上提，然后向左方下捋。刀柄置于右胯旁边，刀尖向左方，刀刃向下，左手立掌垂肘置于胸前。面向左方，目平视。（图3-33）

图3-33　翻身藏刀式

### 应用说明

敌人用枪自身后刺我下部，我翻身用刀捋着敌人之枪，以观其变。

## 【回身劈】

### 姿势说明

左足向左方开一步，身体由左方转向右方，右腿向右弓膝，左腿伸直。全体重心，均在右足。同时右手持刀上提，向右方下劈。刀柄置于右膝之右方，刀尖向右下方，刀刃向下。左手抚右腕以助之。面向右方，目注刀尖。（图3-34）

图3-34　回身劈

### 应用说明

敌人用枪自身后刺我腿部，我将腿撤回一步，以避其锋，然后回身用刀劈以取敌人之头。

## 【回身撩阴刀】

**姿势说明**

右足向左方上一步，弓膝，左腿蹬直。全体重心，均在右足。同时右手持刀由右方向下，再向左方撩出，刀尖向左下方，刀刃向左上方。左手抚右腕以助之。面向左方，目注刀尖。（图3-35）

图 3-35　回身撩阴刀

**应用说明**

敌人用枪自身后来刺，我转身闪开敌人之枪，乘势上步，用刀撩取敌人之下部。

## 【横扫千军】

**姿势说明**

左右腿下蹲，身居中央。全体重心，在两足间之中点。同时右手持刀提至面前，然后横刀向左方平扫。刀尖向左方，刀刃向前方。左手向右方平伸，面向左方，目视刀尖。（图3-36）

图 3-36　横扫千军

**应用说明**

敌人用枪刺我胸部，我用刀挂开，敌抽枪后退，我乘势用刀横扫敌人之头。

## 【左挂金铃】

### 姿势说明

右足向右方撤回半步，足尖点地，左腿下坐。全体重心，均在左足。同时右手持刀，从左方向右后方反挂撤回。刀柄置左耳旁边，刀刃向上，刀尖向左方。左手自右方抽回，掌抚刀柄以助其势。面向左方，目平视。（图 3-37）

图 3-37 左挂金铃

### 应用说明

敌人用枪刺我头部，我用刀向外挂开，以观其变。

## 【推窗望月】

### 姿势说明

右足向左方进半步，左足再向左前方上一步，弓膝，右腿蹬直。全体重心，均在左足。同时右手持刀向左前方撩出，刀尖向左前下方，刀刃向左前上方。左手立掌垂肘置于刀与胸之间。面向左前方，目注左前上方。（图 3-38）

图 3-38 推窗望月

### 应用说明

敌人抽枪向我腹部刺来，我用刀撩开敌枪，乘势上步，顺枪而进，以取敌之前手。

## 【翻身藏刀式】

### 姿势说明

右足向右后方开半步，弓膝，左腿蹬直。全体重心，均在右足。同时右手持刀由左前方上提，向右方下捞。刀柄置于右胯旁边，刀尖向右方，刀刃向下。左手立掌垂肘置于胸前。面向右方，目平视。（图3-39）

图 3-39　翻身藏刀式

### 应用说明

敌人自身后用枪来刺，我翻身用刀拨开，将刀藏于胯侧，以待敌变。


## 【回身劈】

### 姿势说明

左足向右方上一步，右膝向左弓，左腿伸直。全体重心，均在右足。同时右手持刀由右方上提，向左方下劈。刀柄置于右膝之左方，刀尖向左下方，刀刃向下。左手抚右腕以助之。面向左方，目注刀尖。（图3-40）

图 3-40　回身劈

### 应用说明

敌人用枪自身后来刺我腿，我上步以避之，然后回身用刀劈取敌人之头。

## 【探海式】

### 姿势说明

右足向右方上一步，弓膝，左腿蹬直。全体重心，均在右足。同时右手持刀由左方向下，再向右方撩出，刀尖向右下方，刀刃向上。左手向左方伸出。面向右方，目注刀尖。（图3-41）

图 3-41　探海式

### 应用说明

敌人用枪自身后刺我下部，我回身闪过敌枪，乘势上步探取敌之腿部。

## 【捞月式】

### 姿势说明

身体向左方稍移动，然后还原。同时右手持刀由右方上提，向左方、下方，复向右下方反手撩出。刀尖向右下方，刀刃向上。左手抚右腕以助之。面向右方，目注刀尖。全体重心，仍在右足。（图3-42）

图 3-42　捞月式

### 应用说明

敌人用枪向我胸部刺来，我用刀向外挂开，乘势用刀撩取敌之下部。

## 【卸步搋刀】

### 姿势说明

右足向左方撤回半步，足尖点地，左腿下坐。全体重心，均在左足。同时右手持刀下搋，刀柄置于右膝之侧，刀尖向右方，刀刃向下。左手抚右腕以助之。面向右方，目注刀尖。（图3-43）

图3-43 卸步搋刀

### 应用说明

敌人用枪向我腿部来刺，我卸半步，用刀搋敌之枪，以待其变。

## 【分心刺】

### 姿势说明

右足向右方进半步，弓膝，左腿蹬直。全体重心，均在右足。同时右手持刀向右方直刺，刀尖向右方，刀刃向下。左手向左方伸出，五指向左，掌心向下。面向右方，目注刀尖。（图3-44）

图3-44 分心刺

### 应用说明

敌人之枪，既然被我搋着，敌即抽枪以图变更方法，再来刺我。我乘敌抽枪之际，进步刺敌之胸。

## 【玉环托刀式】

### 姿势说明

右足向右前方开半步，左足再向右前方进一步，弓膝，右腿蹬直。全体重心，均在左足。同时右手持刀由右方抽回，向右前上方推出。刀柄置于顶之右前方，刀尖向右前下方，刀刃向右前上

图 3-45　玉环托刀式

方，左手立掌垂肘置于刀与胸之间。面向右前方，目平视。（图 3-45）

### 应用说明

敌人用枪向我头部刺来，我用刀向外挂开，乘势上步，用刀撩取敌之腹部。

## 【七星式】

### 姿势说明

身体由右前方转向右后方，两足不动，重心仍在左足。同时右手持刀，向右后方直立下沉。刀柄置于胸前，刀尖向上，刀刃向右后方。左手立掌垂肘置于刀与胸之中间。面向右后

图 3-46　七星式

方，目平视。（图 3-46）

### 应用说明

敌人用枪从侧面刺我胸部，我将身体转移方向，用刀拨开敌人之

枪，以观敌之变化。

## 【卧虎跳涧】

### 姿势说明

右足向右前方收回半步，未及落地，左足
抬起，作一跳步，然后右足落地。右腿下坐，
左足向右后方上半步，足尖点地，膝微屈。同

图 3-47　卧虎跳涧

时右手持刀由右后方而下，而左前方，而上方，仍向右后方沉捋，刀
柄置右胯侧，刀尖向右后方，刀刃向下。左手立掌垂肘置于胸前。面
向右后方，目平视。（图 3-47）

### 应用说明

敌人用枪刺我腿部，我跳步以避之，并用刀向外挂开，以待敌之
变化。

## 【迎面刺】

### 姿势说明

左足向右后方迈半步，弓膝，
右腿蹬直。全体重心，均在左足。
同时右手持刀向右后方刺出，刀与
臂成一直线。刀尖向右后方，刀刃
向下。左手抚右腕以助之。面向右
后方，目注刀尖。（图 3-48）

图 3-48　迎面刺

敌人向后抽枪，我乘势上步，用刀直刺敌人之面。

## 【卧虎式】

**姿势说明**

身体由右后方转向左方，左腿下坐，右腿伸直，重心仍在左足。同时右手持刀由右后方向右前方绕头半周，至左前下方为止。然后向右后上方横扫，刀柄置于左臂旁边，刀尖向右上方，刀刃向右后方。左手横掌置于顶上。面向左方，目平视。（图3-49）

图 3-49　卧虎式

**应用说明**

敌人用枪自我背后刺来，我回身用刀拨开，敌又用枪刺我腹部，我用刀横扫敌人之枪，以待其变。

## 【藏刀式】

**姿势说明**

右足向左前方迈半步，弓膝，左腿蹬直。全体重心，均在右足。

同时右手持刀，由右后方向左前方
下劈。然后将刀上提，绕头一周，
由前方向右方经过左方仍到前方。
刀柄置于右胯旁边，刀尖向左方，
刀刃向下。左手立掌垂肘置于胸
前。面向左方，目平视。（图3-50）

**应用说明**

    敌人用枪刺我腿部，我用刀拨

开。敌又用枪刺我头部，我用刀缠头支出敌枪，将刀藏于腿旁，以观
敌变。

图 3-50　藏刀式

## 【盘龙式】

**姿势说明**

    左足向右后方撤半步，左腿下坐。右足向右
后方抽回半步，足尖点地。全体重心，均在左足。
同时右手持刀，向右后方立刀横挂，刀尖向上，刀
刃向左后方。左手立掌垂肘与刀背相贴。面向左
方，目平视。（图3-51）

**应用说明**

    敌人用枪刺我面部，我用刀外挂敌人之枪，
向后退步，以待其变。

图 3-51　盘龙式

## 【赶步盘龙式】

### 姿势说明

右足向左前方开半步，弓膝，腿向下坐。左足亦随右足上半步，足尖点地。全体重心，均在右足。同时右手持刀不动，左手仍贴刀背。面向左前方，目平视。（图3-52）

### 应用说明

敌人之枪既然被我挂着，敌即向后抽枪，另用方法。我乃顺敌人之抽力，向前赶步，仍旧挂着敌枪，静以待变。

图3-52　赶步盘龙式

## 【云刀藏刀式】

### 姿势说明

右足向左前方上一步，左足再向左前方上一步，身体转向后方，右手持刀向左前方下劈，然后横刀向右方、后方扫去，同时右腿下坐，左足向后方上半步，足尖点地。右手持刀下捞，刀柄在右胯旁边，刀尖向后方，刀刃向下，左手立掌垂肘置于胸前。面向后方，目平视。（图3-53）

### 应用说明

敌人用枪刺我腿部，我进步用刀拨开，忽然身后枪到，我转身云刀以御之。

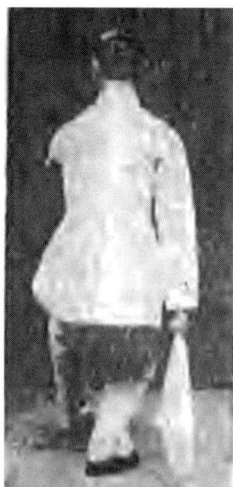

图3-53　云刀藏刀式

## 【护膝劈刀式】

### 姿势说明

左足向后方开半步，右足再向后方上一步，弓膝，左腿蹬直。全体重心，均在右足。同时右手持刀，由左膝旁边外挂，然后向后方下劈，刀尖向后下方，刀刃向下，左手向前方平伸。面向后方，目平视。（图 3-54）

### 应用说明

敌人用枪刺我膝部，我用刀向外挂开，乘势上步，用刀下劈敌人之头。

图 3-54　护膝劈刀式

## 【左挂金铃】

### 姿势说明

右足向前方撤半步，足尖点地，左腿下坐。全体重心，均在左足。同时右手持刀，向右前方反挂撤回。刀柄在左耳旁边，刀尖向后方，刀刃向上，左手抚右腕以助之。面向后方，目平视。（图 3-55）

### 应用说明

敌人用枪刺我头部，我用刀向外挂开，以观敌变。

图 3-55　左挂金铃

内家拳太极功玄玄刀

133

## 【卧鱼式】

### 姿势说明

左足向后方上一步，右足再向右后方背一步，双腿下坐。全体重心，均在左足。同时右手持刀向下沉搂，刀柄在左膝下，刀尖向后方，刀刃向下。左手抚右腕以助其势。面向后方，目平视。（图3-56）

图 3-56 卧鱼式

### 应用说明

敌人用枪向我腿部刺来，我用刀搂着敌枪，以待其变。

## 【藏刀式】

### 姿势说明

身体由后方向左方、前方、右方旋转一圆周。然后左足向后方开半步，足尖点地，足跟翘起，右足不动而腿下坐。全体重心，均在右足。同时右手持刀向上提起，而后向下沉搂。刀柄置右胯旁，刀刃向下，刀尖向后方。左手立掌垂肘向后方伸出。面向后方，目平视。（图3-57）

### 应用说明

敌人用枪向我头部刺来，我提刀拨开。将刀藏于腿旁，以待其变。

图 3-57 藏刀式

## 【迎面刺】

### 姿势说明

左足向后方迈半步，弓膝，右腿蹬直。全体重心，均在左足。同时右手持刀向后方平刺，刀与臂成一直线。刀尖向后方，刀刃向下。左手抚右腕以助其势。面向后方，目注刀尖。（图3-58）

### 应用说明

敌人向后抽枪，我乘势上步，用刀直刺敌人之面。

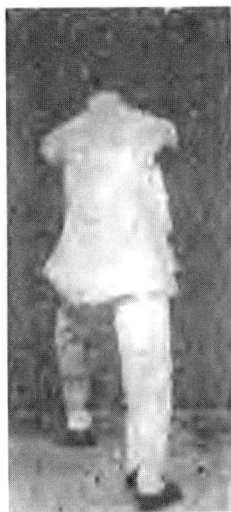

图3-58 迎面刺

## 【卧虎式】

### 姿势说明

左足向前方退一步，腿向下坐，右足向右方上一步。足尖点地，足跟翘起，膝微屈。全体重心，均在左足。同时右手持刀，由后方向右、向前绕头一周。然后向左腋下挥出，刀尖向左上方，刀刃向左前下方。左手横掌置于顶上，面向右方，目平视。（图3-59）

图3-59 卧虎式

### 应用说明

敌人用枪刺我之头，我用刀拨开。敌又用枪刺我腹部，我用刀横扫敌人之枪，以待敌人之变。

## 【卧鱼式】

### 姿势说明

右足向右方进半步，左足再向右方
迈一步。然后右足向右前方背一步，双
腿下坐。全体重心，均在左足。同时右
手持刀向右下方沉捋，刀尖向右方，刀
刃向下。左手抚右腕以助其势。面向右方，目平视。（图3-60）

图 3-60　卧鱼式

### 应用说明

敌人用枪向我腿部来刺，我用刀捋着敌枪，以待其变。


## 【藏刀式】

### 姿势说明

身体由右方向后方、左方、前方旋
转一圆周，右足不动而腿下坐，左足向
右方进半步，足尖点地，足跟翘起。全
体重心，均在右足，同时右手持刀向下
沉捋，刀柄置于右胯旁边，刀尖向右方，
刀刃向下。左手立掌垂肘向右方伸出。
面向右方，目平视。（图3-61）

### 应用说明

图 3-61　藏刀式

敌人用枪刺我腿部，我用刀捋着敌人之枪，以待其变。

## 【分心刺】

### 姿势说明

左足向右方进半步，右足再向右方进一步。弓膝，左腿蹬直。全体重心，均在右足。同时右手持刀

图 3-62　分心刺

向右方平刺，刀尖向右方，刀刃向下。左手向左方伸出。面向右方，目注刀尖。（图 3-62）

### 应用说明

敌人之枪，既然被我搀着，敌即撤枪以图变更方法，再来刺我。我乘敌抽枪之际，进步刺敌之胸。

## 【转身截刀式】

### 姿势说明

右足向左方背一步，左腿弓膝。全体重心，均在左足。同时右手持刀，由右方向下方、向左下方截去，刀尖向左下方，刀刃向右下方。左手抚右腕以助之。面向左下方，目注刀尖。（图 3-63）

### 应用说明

图 3-63　转身截刀式

敌人自身后用枪向我腿部刺来，我转身用刀截着敌人之枪。

## 【青蛇伏地】

**姿势说明**

左足向左方迈一步，右足再向左方进一步，双腿下坐。全体重心，在两足间之中点。同时右手持刀向左方扎出，然后向下方沉捋。刀柄置于小腹旁边，刀尖向左方，刀刃向下。左手按刀柄以助其势，面向左方，目平视。（图3-64）

图3-64　青蛇伏地

**应用说明**

敌人抽枪，又用枪向我胸部刺来。我用刀捋着敌人之枪，以待其变。

## 【分心刺】

**姿势说明**

右足不动，弓膝，左腿蹬直。全体重心，均在

图3-65　分心刺

右足。同时右手持刀向左方平刺，刀尖向左方，刀刃向下。左手向右方伸出，面向左方，目注刀尖。（图3-65）

**应用说明**

敌人之枪，既然被我捋着，敌即抽枪以图变更方法，再来刺我。我乘敌抽枪之际，进步刺敌之胸。

## 【回马提铃】

### 姿势说明

右足向右方迈一步，弓膝。左足向左下方抬起。全体重心，均在右足。同时右手持刀由左方提起，然后反手向左下方撩出。刀尖向左下方，刀刃向左上方。左手按右腕以助其势。面向左下方，目注刀尖。（图3-66）

图 3-66　回马提铃

### 应用说明

敌用枪向我腿部刺来，我假作败势，乘敌之不备，用刀撩取敌之下部。

## 【斜飞式】

图 3-67　斜飞式

### 姿势说明

左足向右方进一步，弓膝。右腿蹬直。全体重心，均在左足。同时右手持刀，由左下方上提，向上方、右方、下方绕一圆周，然后仍向左下方反手撩出。左手向右上方伸出。面向左下方，目注刀尖。（图3-67）

### 应用说明

敌人抽枪向我胸部刺来，我提刀向外拨开，乘势用刀撩取敌人腿部。

## 【金针指南】

### 姿势说明

右足向右方撤回半步，足尖点地，足跟翘起。膝微屈，左腿下坐。全体重心，均在左足。同时右手持刀向怀内撤回，刀柄置于胸前，刀尖向左，刀刃向上。左手按右手以助之。面向左方，目平视。（图3-68）

图 3-68　金针指南

### 应用说明

敌人用枪向我胸部刺来，我用刀挂开敌枪，以待其变。

## 【怀中抱月】

### 姿势说明

右足向左方上半步，左足再向左方进一步，双腿下坐。全体重心，均在右足。同时右手持刀向怀内抱，刀尖向左方，刀刃向上。左手按刀柄以助之。面向左方，目平视。（图3-69）

图 3-69　怀中抱月

### 应用说明

敌人向后抽枪，我乘势进步，携着敌枪，以观敌变。

## 【顺水推舟】

### 姿势说明

右足向左方进一步，弓膝，左腿蹬直。全体重心，均在右足。同时右手持刀向左方平刺，刀尖向左方，刀刃向上。左手按刀柄以助其势。面向左方，目注刀尖。（图3-70）

图 3-70 顺水推舟

### 应用说明

敌人向后抽枪，我顺其力向前进步，用刀直刺敌人之喉。


## 【斜飞式】

### 姿势说明

右足向右后方撤一步，左膝向左弓，右腿蹬直。全体重心，均在左足。同时右手持刀，向右下方反手撩出，刀尖向右下方，刀刃向右后上方，左手向左上方伸出，面向右下方，目注刀尖。（图3-71）

图 3-71 斜飞式

### 应用说明

敌人由身后用枪刺我下部，我回身闪开敌枪，乘势上步，用刀撩取敌人之膝。

## 【提刀探海式】

图 3-72  提刀探海式

### 姿势说明

右足向右前方上一步，左足再向右方开一步，弓膝，右腿蹬直。全体重心，均在左足。同时右手持刀，由右下方向下方再向左方提起，然后向右方下劈，刀尖向右方，刀刃向下。左手作钩，反向左方上提。面向右下方，目注刀尖。（图 3-72）

### 应用说明

敌人用枪刺我腿部，我闪身用刀挂开敌枪，乘势上步用刀劈敌人之头。

## 【卸步闪展式】

### 姿势说明

右腿向左弓，左腿蹬直。全体重心，均在右足。同时右手持刀，反手向左后方抽回，刀尖向右前下方，刀刃向右后上方，左手按刀柄以助其势。面向右前方，目注刀尖。（图 3-73）

图 3-73  卸步闪展式

### 应用说明

敌人抽枪向我腿部刺来，我将身闪开，用刀挂着敌枪，以待敌变。

## 【进步劈刀式】

### 姿势说明

左足向右后方进一步，右足再向右方进一步，弓膝，左腿蹬直。全体重心，均在右足。同时右手持刀，由右前方向左后方上提，然后再向右方下劈。刀尖向右方，刀刃向下。左手按右腕以助其势，面向右下方，目注刀尖。（图 3-74）

图 3-74　进步劈刀式

### 应用说明

敌人用枪刺我头部，我用刀拨开，向前进步以劈敌人之头。

## 【左挂金铃】

### 姿势说明

右足向左方撤回半步，足尖点地，足跟翘起。左足不动而腿下坐。全体重心，均在左足。同时右手持刀，向左前方反手挂回。刀柄置于左耳旁边，刀尖向右方，刀刃向上，左手抚右腕以助其势。面向右方，目平视。（图 3-75）

图 3-75　左挂金铃

### 应用说明

敌人用枪刺我头部，我用刀向外挂开，以观敌变。

## 【推窗望月】

### 姿势说明

右足向右方开半步，左足再向右后方进半步。弓膝，右腿蹬直。全体重心，均在左足。同时右手持刀向右后方撩出，刀尖向右后下方，刀刃向右后上方。左手立掌垂肘置于刀与胸之间。面向右后方，目平视。（图3-76）

图 3-76　推窗望月

### 应用说明

敌人抽枪向我腹部扎来，我用刀撩开敌枪，乘势上步，顺枪而进，以撩敌之前手。

## 【青龙献爪】

### 姿势说明

左足向右前方上一步，右足再向右前方进一步，弓膝，左腿蹬直。全体重心，均在右

图 3-77　青龙献爪

足。同时右手持刀向右前上方撩出，刀尖向右前上方，刀刃向左后上方。左手按右腕以助其势。面向右前方，目注刀尖。（图3-77）

### 应用说明

敌人用枪向我胸部刺来，我用刀向外支开，乘势进步撩取敌人之头。

## 【横扫千军】

图 3-78　横扫千军

### 姿势说明

左足向左前方上一步，双腿下蹲，全体重心在两足间之中点。同时右手持刀向左方下劈至面前，然后横刀向右方平扫，刀尖向右方，刀刃向后方。左手向左方平伸。面向右方，目注刀尖。（图 3-78）

### 应用说明

敌人用枪刺我胸部，我用刀挂开，敌抽枪后退，我即乘势用刀横扫敌人之头。

## 【流星赶月】

图 3-79　流星赶月

### 姿势说明

右足向左方进半步，足尖点地，足跟翘起。左足不动而腿下坐。全体重心，均在左足。同时右手持刀向左上方平削，刀尖向左上方，刀刃向右后上方，左手按右腕以助其势，面向左方，目注刀尖。（图 3-79）

### 应用说明

敌人用枪由身旁刺来，我用刀削开敌枪，进步直取敌人之头。

## 【斜飞式】

### 姿势说明

右足向左方伸半步，左腿弓膝。全体重心，均在左足。同时右手持刀，向左下方反手撩出。刀尖向左下方，刀刃向前方，左手向右上方伸出。面向左下方，目注刀尖。（图3-80）

图 3-80　斜飞式

### 应用说明

敌人抽枪向我胸部刺来，我提刀向外拨开，乘势用刀撩取敌人腿部。

## 【抱月式】

### 姿势说明

右足向右方撤回半步，足尖点地，足跟翘起，左足不动而腿下坐。全体重心，均在左足。同时右手持刀向右方抱，回刀背架于右肘上。刀尖向左方，刀刃向上。左手按刀柄以助其势。面向左方，目平视。（图3-81）

图 3-81　抱月式

### 应用说明

敌人用枪向我头部刺来，我用刀挂开敌人之枪，以待其变。

## 【乘风破浪】

### 姿势说明

右足向左方进半步，左足再向左方进一步，膝微屈，右腿蹬直。全体重心，均在左足。同时右手抱刀不动，左手立掌向右方伸出。面向右方，目平视。（图 3-82）

图 3-82　乘风破浪

### 应用说明

敌人抽枪欲逃，我抱刀进步直刺敌人之胸。

## 【分心刺】

### 姿势说明

右足向左方进一步，弓膝，左腿蹬直。全体重心，均在右足。同时右手持刀向左方平刺，刀尖向左方，刀刃向下方，左手向右方伸出。面向左方，目注刀尖。（图 3-83）

图 3-83　分心刺

### 应用说明

敌人之枪，既然被我捋着，敌即撤枪以图变更方法，再来刺我。我乘敌抽枪之际，进步刺敌之胸。

## 【右摘星式】

### 姿势说明

右足向左前方进一步,弓膝,左腿蹬直。全体重心,均在右足。同时右手持刀交与左手,然后向左前上方撩出。刀尖向左前上方,刀刃向右前上方,右手按左腕以助其势。面向左前方,目注刀尖。(图3-84)

图 3-84　右摘星式

### 应用说明

敌人用枪刺我下部,我用刀将枪向外拨开,然后用刀进斩敌人之头。

## 【左摘星式】

### 姿势说明

左足向左后方进一步,弓膝,右腿蹬直。全体重心,均在左足。同时左手持刀向左后上方撩出,刀尖向左后上方,刀刃向右后上方,右手按左腕以助其势。面向左后方,目注刀尖。(图3-85)

图 3-85　左摘星式

### 应用说明

敌人用枪刺我胸部,我用刀挂开,敌抽枪后退,我乘势进步以刀斩敌之头。

## 【卸步掳刀】

### 姿势说明

左足向右方撤回半步，足
尖点地，足跟翘起。右足不动
而腿下坐。全体重心，均在右
足。同时左手持刀下掳，刀柄

图 3-86　卸步掳刀

置左膝旁边，刀尖向左，刀刃向下，右手按左腕以助其势。面向左下
方，目注刀尖。（图 3-86）

### 应用说明

敌人用枪向我腿部来扎，我卸半步，顺枪之扎力，用刀掳敌之
枪，以待其变。

## 【进步崩刀】

### 姿势说明

左足向左方进半步，弓膝，
右腿蹬直。全体重心，均在左
足。同时左手持刀向左下方崩
撩，刀尖向左下方，刀刃向下，
右手按左腕以助之。面向左下
方，目注刀尖。（图 3-87）

图 3-87　进步崩刀

**应用说明**

敌人之枪既被我用刀捋着，乃欲向后抽枪。我乘敌抽枪之机会，进步用刀崩取敌人之下部。

## 【反臂插秧】

**姿势说明**

右足向左方进一步，左足再向左方背一步，双膝下屈。全体重心，均在右足。同时左手持刀，反手向左下方下插，刀尖向左下方，刀刃向左上方，右手按刀背以助之。面向左下方，目注刀尖。（图3-88）

图 3-88 反臂插秧

**应用说明**

敌人用枪刺我胸部，我用刀挂开敌枪，乘势用刀直刺敌人腿部。

## 【青蛇伏地】

**姿势说明**

身体由左方向后方、右方旋转之，右足再向右方开半步。双腿下蹲。全体重心，均在两足间之中点。同时左手持刀上提，再向左方下劈，将刀交与右手，刀尖向右方，刀刃向下，左手按刀柄以助之。面向右方，目注刀尖。（图3-89）

**应用说明**

敌人自身后用枪刺我头部，我转身用刀拨开，敌又刺我胸部，我用刀捋着敌人之枪，以待其变。

图 3-89　青蛇伏地

## 【分心刺】

**姿势说明**

右膝向右方弓出，左腿蹬直。全体重心，均在右足。同时右手持刀向右方平刺，刀尖向右方，刀刃向下，左手向左方伸出。面向右方，目平视。（图 3-90）

图 3-90　分心刺

**应用说明**

敌人之枪既被我刀捋着，即向后抽枪，以便再来刺我，我用刀顺敌之抽力，直刺敌人之胸。

## 【转环提篮式】

**姿势说明**

右足向左方退一步，左足再向左方撒半步，足尖点地，足跟翘起，右腿下坐。全体重心，均在右足。同时右手将刀抽回，由右前方下落，向右后方横扫，然后向背后上提。刀尖下垂，刀刃向左方，左手立掌向右方伸出。面向右方，目平视。（图3-91）

**应用说明**

敌人用枪刺我下部，我用刀横扫敌人之枪，并将我刀伏于背后，以观其变。

图 3-91　转环提篮式

## 【进步提篮式】

**姿势说明**

左足向右方进半步，弓膝，右足亦向右方进一步，足尖点地，足跟提起。全体重心，均在左足。同时右手提刀，仍在背后上提。左掌向右方推出。面向右方，目平视。（图3-92）

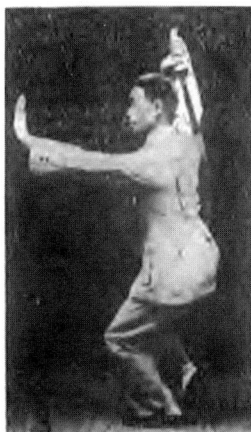

图 3-92　进步提篮式

**应用说明**

敌人用枪刺我胸部，我进步用左掌推开，以待其变。

## 【云龙戏水】

**姿势说明**

左足向右方进一步，右足再向右方进一步，然后左足向右方背一

步。全体重心，均在左足。同时右手持
刀向右下方下劈，然后向左方上提，再
向右下方探出，刀尖向右下方，刀刃向
左下方。左手横掌置于顶上。身体向右
方探出，面向右下方，目注刀尖。（图
3-93）

**应用说明**

敌人用枪刺我下部，我进步用刀劈
敌之前手。敌抽枪后退，我乘势用刀挂开敌枪，直取敌之腿部。

图 3-93　云龙戏水

## 【翻身劈】

**姿势说明**

身体由右方向前方、左方、
后方旋转一圆圈，左膝向右弓出，
右腿蹬直。全体重心，均在左足。
同时右手持刀由右下方向左方提
起，然后向右方下劈，刀尖向右
下方，刀刃向左下方，左手按刀
柄以助之。面向右下方，目注刀
尖。（图3-94）

图 3-94　翻身劈

**应用说明**

敌人用枪刺我背部，我急转身用刀劈掳敌人之枪。

## 【回身刀】

### 姿势说明

身体由右方向后方、左方旋转之，右膝向左弓出，左腿蹬直。全体重心，均在右足。同时右手持刀由右下方上提，再向左方下劈，刀尖向左下方，刀刃向右下方，左手向右方伸出。面向左下方，目注刀尖。（图3-95）

图 3-95 回身刀

### 应用说明

敌人用枪自身后向我来刺，我回身用刀捋着敌枪，以观其变。

## 【卧虎式】

### 姿势说明

右足向右方撤回半步，足尖点地，足跟翘起。左足不动而腿下坐。全体重心，均在左足。同时右手持刀向左腋下挥出，刀尖向右后上方，刀刃向左后下方。左手横掌置于顶上。面向左方，目平视。（图3-96）

### 应用说明

敌人用枪刺我胸部，我用刀向外拨开，以观其变。

图 3-96 卧虎式

## 【藏刀式】

### 姿势说明

右足向左前方进半步，弓膝，左腿蹬直。全体重心，均在右足。同时右手持刀由右后方、向左前方下劈，然后沉捋，刀尖向左方，刀刃向下。左手立掌垂肘向左方伸出。面向左方，目平视。（图 3-97）

图 3-97 藏刀式

### 应用说明

敌人用枪刺我腿部，我用刀挂开敌枪，以待其变。


## 【进步交刀式】

### 姿势说明

左足向左方进一步，弓膝，右腿蹬直。全体重心，均在左足。同时右手持刀上提，由前而左而后而右绕头一周，然后将刀交与左手，刀背与左臂相贴。刀尖向右后上方，刀刃向左后上方。面向左方，目平视。（图 3-98）

图 3-98 进步交刀式

## 【搂膝拗步】

### 姿势说明

左手捧刀由左膝盖之前方向后方搂出，刀柄置于左胯旁边。刀尖向上，刀刃向左方，右手立掌垂肘向左方平推。面向左方，目平视。（图3-99）

图 3-99　搂膝拗步

## 【退步收刀式】

### 姿势说明

身体由左方转向前方，左足向右方并步。全体重心，在两足间之中点。同时左手捧刀向左方提起，然后向上、向右在身体之前方作一圆圈，再将刀柄置于左胯旁边。刀尖向上，刀刃向前。右手由左方向下、向右横掌置于顶上。面向左方，目平视。（图3-100）

图 3-100　退步收刀式

## 【合太极】

### 姿势说明

头由左方转向前方，身体直立，面向前方，目平视。全体重心，在两足间之中点。同时左手捧刀不动，右手由顶上从容放下，置于右胯旁边。掌心下按，并不用力。动静归一，复还原始。（图3-101）

图 3-101　合太极

# 结论

以上之姿势应用，学者业已循序练习。姿势能否正确，动作能否自然，应用是否纯熟，身心能否一致，此为当务之急。果能正确，自然纯熟一致矣，则可进一步研究刀法运用之变化。

夫刀法者，无运用不足以显其妙，无变化焉能以明其神。当我应敌之际，敌之优劣，吾不知也。至于手法如何，身法如何，工夫如何，传授如何，运用如何，变化如何，吾亦不得而知也。欲免张皇失措之弊，必须静以待之，守而候之，注目而视之，平心而察之。见其神形是否合一？举止是否敏捷？方法是否灵活？变化是否精通？所持之器械为何？欲攻之目的安在？虚实宜分清楚，进退宜分缓急，则我攻守之计划，可有成竹于胸矣。然后或攻，或守，或急，或徐，莫不皆有主张。既能避实而击虚，又能攻其所不备。再用出其不意之手段，轻灵奇巧之步法，闪展腾挪之身法，出入莫测之刀法，则利刃在手，妙算于心，外窥敌之变化，内蓄百倍之精神。形如搏兔之鹘，神似捕鼠之猫，举动玲珑，身心兼顾。至于与敌交手之际，刀之出入，大有云龙见首不见尾之势，使敌应付为艰，虚实难辨，有如陷入一团混沌初开之玄气中。当此之时，敌欲攻而不得逞，敌欲逃而不得脱；黄百家先生所谓"得内家拳之一鳞一爪，不用顾盼拟合，信手而应、纵横前后、悉逢肯綮"者，其玄玄刀之谓乎？

夫如是，或劈，或刺，或托，或探，或提，或撩，或沉，或掳，或横，或扫，或截，或斩，或崩，或删，或削，或砍，或剁……使敌百计既穷，进退维谷，其奈终不能出于太极功之范围何！此玄玄刀之所以玄而又玄，奥妙无穷也。

虽然，刀法之妙用，三丰先师已论之详矣！数百年来，能继道统之传，而为之阐明其旨者，谁乎？要之，后有好事者，庶可因是而得之也。

太极剑

# 总论

　　剑为古兵器之一，创始何人，言人人殊。《广黄帝本行记》曰："帝采首山之铜铸剑，以天文古字，题铭其上。"管子曰："昔葛卢之山，发而出金，蚩尤受而制之，以为剑。"自是虽有剑之名，而未言剑之形也。《周礼·考工记》始详言之，谓："剑，古器名，两刃而有脊，自背至刃谓之腊，或谓之锷；背刃以下与柄分隔者，谓之首；首以下把握之处，谓之茎；茎端施环，曰镡。"观其图，与近古剑之形式异。盖以人事演进，剑之形状，似亦因时为转移也。闲尝探讨古今图书。言剑者虽多，而于剑舞制造诸端，未尝道及。以故《四库全书》，无艺不收，独于剑法，竟属缺如。诚以年代久远，无从捉摸矣！而古剑之名，杂见于子史诸书者，层出不穷，如桓公之葱、太公之阙、文王之录、庄君之召、阖闾之干将莫邪、越王之大刑小刑、楚王之剑有三、吴帝之剑凡六、周昭之剑有五、梁武之剑十三，此皆古之良剑也。而于其制，迄未言之。即以秦时而论，剑之长短，制法不一。始皇之剑八尺，荆轲之剑尺八，此二人生于同时，剑之尺寸，尚各不同，则古剑之难考，固不待言矣！何况典籍不载哉？此吾国剑术，考证困难之一大原因也。

　　自黄帝之后，制剑之法，其究竟已不可得而闻。且古人之言，亦不能尽信。或托辞以讽世，或藉物以舒怀。然古时造剑之良，决非今世所可睥睨也。乃如锟铻之钢，可以断玉。鱼肠之锋，利破重铠。周昭有镇五岳之器，梁武有治四方之兵。他如断马击鹄，随四时而变五色。夕火秋月，跃平津而化双龙。击衣殷血，斩影成疾。伏地藏函，穿铜绝铁。奇闻百出，何胜枚举。盖皆由于古人造剑，锻炼之精、砥砺之勤之所致。虽然，古时尊剑之风，亦可想见一斑也。

然古人手持名剑，立奇功者有之，不辱命者有之，雪国耻者有之，建大业者有之，莫不剑以人名，人以剑尊，每观古史，昭昭在目。昔曹沫执剑，劫齐桓于柯而鲁不辱。毛遂按剑，叱楚王于庭，而楚定从。利透坚甲，吴君易位。提三尺剑，汉室兴基。太阿一麾，三军破败。铁狮既斫，万岁皆呼。此皆千古传为美谈者也。

迨及近世，火器发明，攻坚射远。尊剑之风，一落千丈。四方有志之士，咸以吾国衰弱之原因，皆少尚武任侠之勇气，以致国难迫切，外侮日急。于是提倡国术之声乃日高，崇尚剑术之风乃日炽。著者有鉴于斯，因将故有之《太极剑》加以整理，使其系统一贯，井然不紊，仍命名为《太极剑》。亦名《乾坤剑》。详考是剑，创自元之张三丰先生。历代诸贤相继，颇不乏人惜乎笔之于书者，仅数首残缺之歌诀而已！著者简练揣摩，垂二十年，于其精微，始得环中，诚剑法中之中和者也。至于命名之义，盖太极者，天地未分以前之义也。乾坤者，天地之义也。《易》曰："大哉乾元，至哉坤元，万物资生，乃顺承天。"谓天地之德，能始生万物也。今以剑名太极者，取其为剑法之原始，无法不生，无美不备也。至于《太极剑》各式之故有名目，或俚而不雅，或名义不合，想系后人所捏造者，殊失原作者之意。于是不揣愚陋，仅就管见所及，重为一一拟订。使初学者，顾名思义，既省强记之劳，又饶理会之趣，洵一举两有裨益也。

虽然，当今科学进步，一日千里，火器日新，势足吓人。然而战斗之际，运用之者，仍须恃有健全之身体、充足之精神、百折不回之毅力、万夫不当之勇气，然后方能上马擒贼、下马擒王。故勇敢善战心理之建设，当以平素锻炼为急务。而锻炼之法，最有益于短兵相接者，其为剑法乎？待其锻炼既久，豪侠养成天性，忠勇发于至诚，自能当仁不让、见义勇为、冲锋破阵、视死如归。然则剑法之为功，亦显矣哉！故白刃之战，格斗杀贼，十万横磨，不无小补，凡我同志，其共勉旃。

# 各论

太极剑，本为口授之学，名目久已失传，故姿势应用，因人而异。初学者，每以无所适从为憾。予择其简而易学者存之，象形取义，参之应用之法，各为拟订一名。并将姿势应用，详为解释，使初学者，循序摹仿，自有规律之可循也。谨将太极剑分势作图立说，以备有志之士，为行远自迩，登高自卑之一助云尔。

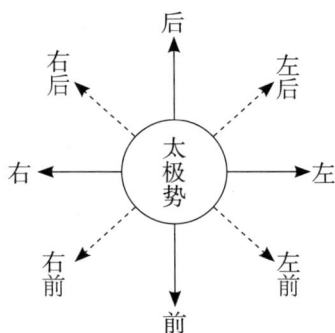

## 【太极势】

### 姿势说明

身体直立，面向前方。目平视。头正，颈直，涵胸，拔背，裹裆，护臀。两臂从容下垂。左手持剑，反背臂后。剑柄置左胯旁。剑锋向上，剑脊务与左臂贴紧。右手二指、中指伸直，大指、小指、无名指均屈，掐成剑诀，置右胯旁。两足平行分开，其距离以肩为度。全体重心，在两足间之中点。（图4-1）

图4-1　太极势

## 【揽雀尾一】

### 姿势说明

左足前上一步，膝前屈。右足不动，而腿蹬直。全体重心，均在左足。同时左手背剑提至胸前。下刃向下，上刃向上，剑锋向左，剑柄置右肩前。右手剑诀直立提起，松肩垂肘，向右方伸出。面向右方，目注剑诀。（图 4-2）

图 4-2　揽雀尾一

## 【揽雀尾二】

### 姿势说明

左足尖向右前方移动（即 45° 角）。右足向右方上一步（即 90° 角）。身体转向右方。右膝右弓，左腿蹬直。全体重心，均在右足。同时左手背剑，向右方微移动。然后随右手剑诀向左前方下捋，而后向右上方伸出。面向右方，目注剑诀。（图 4-3）

图 4-3　揽雀尾二

## 【揽雀尾三】

### 姿势说明

左足不动，腿向下坐。右足足尖提起，足跟着地。全体重心，移至左足。同时左手背剑，剑镡贴紧右腕，由右而后而左，转一半圆，再向右方伸出。右手剑诀向右方平指。同时右足尖下落，膝向右弓，左腿蹬直。全体重心，均移右足。面向右方，目注剑诀。（图4-4）

图4-4 揽雀尾三

## 【金针指南】

### 姿势说明

左足向左后方迈一步，膝向左弓。右腿蹬直。全体重心，均在左足。同时左手背剑，搂过左膝。剑柄置于左胯旁，剑锋向上，剑脊仍贴左臂。同时右手剑诀由右耳侧向左方平指伸出。面向左方，目平视。（图4-5）

图4-5 金针指南

## 【交剑式】

### 姿势说明

左足向右前方上一步，足尖点地，足跟翘起，膝微屈。右足不动，腿向下坐。全体重心，均在右足。同时右手剑诀由左而下，向右平伸。左手背剑，由左胯侧向左平伸。然后左右手均向胸前平屈。左手将剑柄交与右手，上刃向上，下刃向下，剑锋向左。面向前方，目平视。（图4-6）

图4-6 交剑式

## 【分剑式】

### 姿势说明

左足向前进半步，膝向前弓。右腿蹬直。全体重心，均在左足。同时右手持剑，由左而前向右平扫。下刃向后，上刃向前，剑锋向右。左手掐成剑诀，向左平伸。面向右方，目注剑锋。（图4-7）

图 4-7　分剑式

### 应用说明

敌人用枪刺我右胁，我将身前移，使其落空。乘势分剑，平扫敌人之头。

## 【挂剑式】

### 姿势说明

左足向后撤回半步，足尖点地，足跟翘起，膝微屈。右足不动，而腿下坐。全体重心，均在右足。同时右手持剑，由右方向左前方反挂撤回。剑柄置于胸前，下刃向上，上刃向下，剑锋向右。左手剑诀按右腕以助其势。面向右方，目注剑锋。（图4-8）

图 4-8　挂剑式

**应用说明**

敌自侧方用枪向我喉部来刺，我将身后撤以避之，乘势用剑挂着
敌枪，以观其变。

# 【七星式】

**姿势说明**

左足向前方迈半步，膝向右弓，而腿下踞。右腿平足向左后方伸
出。全体重心，均在左足。同时右手持剑，由右而上，向左方下劈。
然后反手平剑上格，至剑与喉平为止。下刃向上，上刃向下，剑锋向
左。左手剑诀向左方伸出，以称其势。面向前方，目平视。（图4-9）

图4-9　七星式

**应用说明**

敌人用枪自左方来刺，我将身前移，以泄其力，乘势用剑劈捋敌
枪。倘敌枪上翻，以图变化，我即用剑上格敌之前手，乘势用足直踏
敌之胁部。

## 【上步遮膝】

### 姿势说明

右足向右后方进一步，足尖点地，足跟翘起，膝微屈。左足不动，而腿下蹲。全体重心，均在左足。同时右手持剑，向右后上方提起，然后向右后方下刺。下刃向右后上方，上刃向左前下方，剑锋向右后下方。左手剑诀按右腕以助之。面向右后方，目注剑锋。（图4-10）

图4-10　上步遮膝

### 应用说明

敌人自背后用枪刺我腰部，我转身进步用剑向上挂开敌枪，乘势用剑直刺敌人之膝。

## 【回身劈剑】

### 姿势说明

右足向左前方进一步，膝向左前方弓出。左腿蹬直。全体重心，均在右足。同时右手持剑，由右后方上提，向左前方下劈。下刃向右后下方，上刃向左前上方，剑锋向左前下方。左手剑诀按右腕以助之。面向左前方，目注剑锋。（图4-11）

图4-11　回身劈剑

太极剑

**应用说明**

敌人用枪自身后刺我腰部,我回身以避之,乘势上步,用剑直劈敌人之头。

## 【进步撩膝】

**姿势说明**

右足向右后方进一步,膝向右后方弓出。左腿蹬直。全体重心,均在右足。同时右手持剑,由左前下方擦地向右后下方撩出,下刃向右前上方,上刃向左后下方,剑锋向右后下方。左手剑诀按右腕以助之。面向右后方,目注剑锋。(图4-12)

图 4-12 进步撩膝

**应用说明**

敌人自背后用枪来刺,我转身以避之,乘势进步,用剑撩敌之膝。

## 【卧虎当门】

**姿势说明**

右足向左前方撤回半步,足尖点地,足跟翘起,膝微屈。左足不动而腿下蹲。全体重心，均在左足。
同时右手持剑，反手向左前上方抱回，
下刃向上，上刃向下，剑锋向右。左
手剑诀按右腕以助其势。面向右方，
目平视。（图 4-13）

**应用说明**

敌人用枪刺我面部，我向斜后方
抽身，以泄其力，乘势用剑挂开敌枪，
以待其变。

图 4-13　卧虎当门

## 【倒挂金铃】

**姿势说明**

右足向右方上半步，左足再向右
方进一步，膝微屈。右腿屈膝上提，
足尖上翘。全体重心，均在左足。同
时右手持剑，由右方上提，向左方下
劈，然后再向右上方提起，下刃向右
上方，上刃向左下方，剑锋向右下方。
左手剑诀直立置于剑与胸之间。面向
右方，目平视。（图 4-14）

**应用说明**

敌人用枪刺我胸部，我用剑格开，
乘势进步，提撩敌之胸腹。

图 4-14　倒挂金铃

## 【指裆剑】

### 姿势说明

右足向右方落下一步，足尖点地，足跟翘起，膝微屈。左足不动，而腿下坐。全体重心，均在左足。同时右手持剑，向右下方斜刺，下刃向右上方，上刃向左下方，剑锋向右下方。左手剑诀按右腕以助之。面向右方，目注剑锋。（图4-15）

图4-15 指裆剑

### 应用说明

敌人向后抽枪，我顺其抽力，乘势上步，用剑直刺敌之下部。


## 【临溪垂钓】

### 姿势说明

两足不动，身体向右后方微移。全体重心，仍在左足。同时右手持剑，由右下方反手向右后下方拨出。下刃向右后上方，上刃向左前下方，剑锋向右后下方。面向右后方，目注剑锋。（图4-16）

图4-16 临溪垂钓

### 应用说明

敌人用枪刺我腿部，我用剑反手外拨，以待其变。

## 【劈山夺宝】

### 姿势说明

左足向右后方上一步，右足再向右后方进一步，膝向右后方弓出。左腿蹬直。全体重心，均在右足。同时右手持剑，由右后下方向左前方提起，然后向右后方下劈。下刃向左前下方，上刃向右后上方，剑锋向右后下方。左手抱剑柄，以助其力。面向右后方，目注剑锋。（图4-17）

图 4-17 劈山夺宝

### 应用说明

敌人向后抽枪，我顺其抽力，乘势进步，用剑劈敌之头。

## 【逆鳞刺】

### 姿势说明

右膝向右后方略冲，左腿蹬直。全体重心，仍负右足。同时右手持剑，向右后下方直刺，下刃向左前下方，上刃向右后上方，剑锋向右后下方。左手抱剑柄，以助其势。面向右后方，目注剑锋。（图4-18）

图 4-18 逆鳞刺

敌人用枪刺我下部，我用剑乘势逆进，直刺敌之小腿，并划敌之前手。

## 【回身点】

### 姿势说明

身体由右后方向左前方旋转。左膝向左前方弓出。右腿蹬直。全体重心，均在左足。同时左手剑诀由右后方向下，然后向左前方引起，横置顶上。右手持剑，向左前下方直点。下刃向右后下方，上刃向左前上方，剑锋向左前下方。面向左前方，目注剑锋。（图4-19）

图 4-19　回身点

### 应用说明

敌人用枪自身后来刺，我转身以避之。乘势用剑直点敌之下部。

## 【沛公斩蛇】

### 姿势说明

右足由右后方向左方进半步，足尖点地，足跟翘起，膝微屈。左足不动，而腿下坐。全体重心，均在左足。同时右手持剑，由左前方

提起，而后向左下方平斩。下刃向后，上刃向前，剑锋向左下方。左手抱剑柄，以助其势。面向左方，目注剑锋。（图4-20）

**应用说明**

敌人向后抽枪，我顺其抽力，乘势进步，用剑挥开敌枪，横斩敌人之膝。

图 4-20　沛公斩蛇

## 【翻身提斗】

**姿势说明**

左足提起，翻身向右前方上一步，膝微屈。右腿屈膝上提。足尖上翘，约与胯齐。全体重心，均在左足。同时右手持剑，由左方向下反挂，而后向右前方上提。下刃向右前

图 4-21　翻身提斗

上方，上刃向左后下方，剑锋向右前下方。左手剑诀向右前方平指，以助其势。面向右前方，目平视。（图4-21）

**应用说明**

敌人用枪自身后来刺，我翻身以避之，乘势上步，用剑提撩敌胸。

## 【猿猴舒臂】

### 姿势说明

右足向右前方虚踏半步，足尖点地，足跟翘起，膝微屈。左足不动，而腿下坐。全体重心，均在左足。同时右手持剑，向右前方平刺。下刃向上，上刃向下，剑锋向右前方。左手剑诀按右腕以助其力。面向右前方，目注剑锋。（图4-22）

图4-22　猿猴舒臂

### 应用说明

敌人向后抽枪，我顺其抽力，乘势进步，用剑直刺敌人之喉。

## 【子路问津】

### 姿势说明

右足向右前方进半步，弓膝，左腿蹬直。全体重心，均在右足。同时右手持剑，立腕向上反拨。身体亦随剑向右后方微倾。下刃向左前下方，上刃向右后上方，剑锋向右前上方。左手剑诀按右腕以助其力。面向右前方，目平视。（图4-23）

图4-23　子路问津

### 应用说明

敌人用枪刺我喉部，我用剑格开，以窥其变。

## 【李广射石】

### 姿势说明

左足向右前方进一步,弓膝。右腿蹬直。全体重心,均在左足。同时右手持剑,反臂向右前方平刺。下刃向上,上刃向下,剑锋向右前方。左手剑诀按右腕以助其势。面向右前方,目注剑锋。（图4-24）

图4-24 李广射石

### 应用说明

敌人向后抽枪,我顺其抽力,乘势进步,用剑直刺敌人之喉。

## 【彩凤舒羽】

### 姿势说明

右足提起,以左足为轴,身体由右前方,向右方、后方、左方、前方旋转。至面向右前方止,旋转一周。同时右手持剑,抱至胸前。左手按剑柄,以助其势。然后右足向右前方进一步,膝向右前方弓出。左腿蹬直。全体重心,均在右足。同时右手持剑,向右前方平刺。下刃向上,上刃向下,剑锋向右前方。左手剑诀向左后方平伸,以称其力。面向右前方,目平视。（图4-25）

图4-25 彩凤舒羽

### 应用说明

敌人用枪刺我腰部，我转身以避之，乘势进步用剑直取敌人之头。

### 【退步撩阴一】

#### 姿势说明

右足向左后方退一步，膝向左后方弓出。左腿蹬直。同时右手持剑，回身向左后方下劈。然后左足再向左后方退一步，右膝向右前方弓出。左腿蹬直。全体重心，均在右足。同时右手持剑，由左后下方反手向右前下方撩出，下刃向右前上方，上刃向左后下方，剑锋向右前下方。左手剑诀按右腕以助之。面向右前方，目注剑锋。（图4-26）

图 4-26　退步撩阴一

#### 应用说明

敌人进身用枪刺我胸部，其势甚猛，不可敌当，我退步以泄其力。同时用剑顺势挂开敌枪，乘势反撩敌之下部。

### 【退步撩阴二】

#### 姿势说明

右足向左后方退一步，膝向左后方弓出。左腿蹬直。同时右手持剑，回身向左后方下劈。然后左足再向左后方退一步，右膝向右前方弓出。左腿蹬直。全体重心，均在右足。同时右手持剑，由左后下方反手向右前下方撩出。下刃向右前上方，上刃向左后下方，剑锋向右前下方。左手剑诀按右腕以助之。面向右前方，目注剑锋。（图4-27）

图 4-27　退步撩阴二

### 应用说明

敌人进身用枪刺我胸部，其势甚猛，不可敌当，我退步以泄其力，同时用剑顺势挂开敌枪，乘势反撩敌之下部。

## 【退步撩阴三】

### 姿势说明

右足向左后方退一步，膝向左后方弓出。左腿蹬直。同时右手持剑，回身向左后方下劈。然后左足再向左后方退一步，右膝向右前方弓出。左腿蹬直。全体重心，均在右足。同时右手持剑，由左后下方反手向右前下方撩出。下刃向右前上方，上刃向左后下方，剑锋向右前下方。左手剑诀按右腕以助之。面向右前方，目注剑锋。（图4-28）

图 4-28　退步撩阴三

**应用说明**

敌人进身用枪刺我胸部，其势甚猛，不可敌当，我退步以泄其力，同时用剑顺势挂开敌枪，乘势反撩敌之下部。

## 【卧虎当门】

**姿势说明**

右足向左后方退半步，足尖点地，足跟翘起，膝微屈。左足不动，而腿下坐。全体重心，均在左足。同时右手持剑，反挂向左后方撤回。下刃向上，上刃向下，剑锋向右前方。左手剑诀按右腕以助之。面向右前方，目平视。（图4-29）

图4-29 卧虎当门

**应用说明**

敌人抽枪向我胸部来刺，我却步用剑反挂敌枪，以待其变。

## 【梢公摇橹一】

**姿势说明**

右足向右前方进少半步，膝微屈。左足不动，腿仍下坐。全体重心，仍在左足。同时右手持剑，反手向左后下方划出。下刃向右前下方，上刃向左后上方，剑锋向左后下方。左手剑诀按右腕以助之。面

向右前方，目平视。（图 4-30）

**应用说明**

敌人用枪向我膝部刺来，我步稍移，以泄其力，乘势用剑划开敌枪，以待其变。

## 【梢公摇橹二】

**姿势说明**

左足向右前方进半步，足尖点地，足跟翘起，膝微屈。右足不动，而腿下坐。全体重心，均在右足。同时右手持剑，反手上撩抱回。剑柄置左胁侧。下刃向左后上方，上刃向右前下方，剑锋向右前上方。左手握剑柄以助其力。面向右前方，目平视。（图 4-31）

**应用说明**

敌人抽枪向我面部刺来，我用剑挂开敌枪，乘势上步，以观其变。

图 4-30　梢公摇橹一

图 4-31　梢公摇橹二

## 【顺水推舟】

### 姿势说明

右足向右前方进一步，膝向右前方弓出。左腿蹬直。全体重心，均在右足。同时右手持剑，向右前方平剑刺出。下刃向左前方，

图 4-32　顺水推舟

上刃向右后方，剑锋向右前上方。左手剑诀向左后方平伸，以称其势。面向右前方，目注剑锋。（图 4-32）

### 应用说明

敌人向后抽枪，我借其抽力，乘势进步，用剑平刺敌人之喉。

## 【眉中点赤】

### 姿势说明

右足向左前方移半步，左足再向右前方进一步，膝向右前方弓出。右腿蹬直。全体重心，均在左足。同时右手持剑，向怀中平剑抱回，然后向右前方立剑刺出。下刃向下，上刃向上，剑锋向右前上方。左手剑诀横置顶上，以助其势。面向右前方，目注剑锋。（图 4-33）

图 4-33　眉中点赤

**应用说明**

敌人用枪刺我腹部，我抱剑捋开敌枪，乘势上步，用剑直点敌之眉中。

## 【回马剑一】

**姿势说明**

左足向左后方背一步，足掌着地，足跟略起，双膝下屈。全体重心，均

图 4-34 回马剑一

在右足。同时右手持剑，由右前方上提，反手向左后方平击。下刃向上，上刃向下，剑锋向左后方。左手剑诀按右腕以助其势。面向左后方，目平视。（图 4-34）

**应用说明**

敌人用枪自身后来刺，我向后背步，闪开敌枪，乘势用剑平击敌人之头。

## 【回马剑二】

**姿势说明**

右足向左后方进一步，膝向左后方弓出。左腿蹬直。全体重心，均在右足。同时右手持剑，由左后方向下、向右前方上提，然后向左后下方下劈。下刃向右前下方，上刃向左后上方，剑锋向左后下方。左手剑诀按右腕以助之。面向左后方，目注剑锋。（图 4-35）

**应用说明**

敌人用枪刺我腿部，我用剑外挂，乘势进步，直劈敌之头部。

## 【回马剑三】

**姿势说明**

右足向左后方略进，膝向左后方弓出。左腿蹬直。全体重心，均在右足。同时右手持剑，向左后下方直刺。下刃向右前下方，上刃向左后上方，剑锋向左后下方。左手剑诀向右前方伸出，以称其力。面向左后方，目注剑锋。（图4-36）

**应用说明**

敌人向后抽枪，我因其抽力，顺势用剑直刺敌之下部。

## 【玉女投针】

**姿势说明**

右足向右后方移半步，左足再向左后方进一步，膝向左后方弓出。右腿蹬直。全体重心，均在左足。同时右手持剑，向怀中抱回，

图 4-35　回马剑二

图 4-36　回马剑三

然后向左后下方平剑直刺。下刃向右
后方，上刃向左前方，剑锋向左后下
方。左手剑诀横置顶上，以助其势。
面向左后方，目注剑锋。（图4-37）

**应用说明**

敌人用枪刺我胸部，我抱剑挂开
敌枪，乘势进步，直刺敌之下部。

图4-37　玉女投针

## 【魁星提笔】

**姿势说明**

以右足跟为轴，身体由左后方转
向右前方，然后左腿屈膝，向右前方
提起，足尖下垂。全体重心，均在右
足。同时右手持剑，由左后下方反手
向右前方上提。下刃向右前上方，上
刃向左后下方，剑锋向右前下方。左
手剑诀向右前方下指，以助其势。面
向右前方，目平视。（图4-38）

**应用说明**

图4-38　魁星提笔

敌人用枪刺我背部，我翻身以避之，乘势用剑撩取敌之前手。

## 【迎门剑】

### 姿势说明

左足向右前方进一步，右足再向右前方进一步，膝向右前方弓出。左腿蹬直。全体重心，均在右足。同时右手持剑，由右前方向左后方下挂，而后上提，再向右前方下劈。下刃向左后下方，上刃向右前上方，剑锋向右前下方。左手剑诀向左后方伸出，以称其势。面向右前方，目注剑锋。（图4-39）

图 4-39　迎门剑

### 应用说明

敌人用剑刺我腿部，我用剑挂开，乘势进步，直劈敌人之头。

## 【卧虎当门】

### 姿势说明

右足向左后方撤回半步，足尖点地，足跟翘起，膝微屈。左足不动，而腿下坐。全体重心，均在左足。同时右手持剑，反手向左后方抱回。下刃向上，上刃向下，剑锋向右前方。左手剑诀按右腕以助之。面向右前方，目平视。（图4-40）

图 4-40　卧虎当门

**应用说明**

敌人用枪刺我胸部，我用剑反挂，以泄其力，静观敌变。

## 【海底擒鳌一】

**姿势说明**

右足向右前方迈半步，足尖点地，足跟翘起，膝微屈。左足不动，而腿下坐。全体重心，均在左足。同时右手持剑，反剑向左后下方劈之。下刃向右前下方，上刃向左后上方，剑锋向左后下方。左手剑诀按右腕以助之。面向左后方，目注剑锋。（图4-41）

图 4-41 海底擒鳌一

**应用说明**

敌人抽枪刺我腿部，我将身微移以泄其力，乘势用剑反拨敌枪，以窥其变。

## 【海底擒鳌二】

**姿势说明**

以右足为轴，身体由右前方转向左后方。同时左腿上提，向左后方倒迈一步。全体重心，均在左足。同时右手持剑，由左后方上提，然后向右前方下劈。下刃向左后下方，上刃向右前上方，剑锋向右前下方。左手剑诀按右腕以助之。面向右前方，目注剑锋。（图4-42）

**应用说明**

敌人向后抽枪，我顺其抽力，用剑直劈敌人之头。

图 4-42　海底擒鳌二

## 【翻身提斗】

**姿势说明**

左足不动，右腿屈膝上提，足尖上翘。全体重心，均在左足。同时右手持剑，反手由右前下方向左后方上提。下刃向左后上方，上刃向右前下方，剑锋向左后下方。左手剑诀置于胸与剑之间。面向左后方，目平视。（图4-43）

**应用说明**

敌人用枪刺我背部，我翻身避开，用剑直撩敌之前手。

图 4-43　翻身提斗

## 【反臂剑】

### 姿势说明

左足不动，右足向左后方平踢。全体重心，仍在左足。同时右手持剑，由左后方上提，然后反臂向右前方下劈。下刃向左后下方，上刃向右前上方，剑锋向右前下方。左手剑诀向左后上方伸出，以称其势。上身向右前方略倾。面向右前下方，目注剑锋。（图4-44）

图 4-44 反臂剑

### 应用说明

敌人自身后用枪刺我腿部，我将腿踢出，以避其锋，乘势用剑反臂直劈敌之头部。

## 【进步栽剑】

### 姿势说明

左足提起，右足即落于左足之原位，作一跳步。左足再向右前方上半步，足尖点地，足跟翘起，膝微屈。全体重心，均在右足。同时右手持剑，由右前方向左后方提起，然后反手再

图 4-45 进步栽剑

向右前下方刺下。下刃向右前上方，上刃向左后下方，剑锋向右前下方。左手剑诀按右腕以助之。面向右前方，目注剑锋。（图4-45）

**应用说明**

敌人自身后用枪刺我腿部，我跳步以避之，复挂开敌枪，乘势进步，用剑直刺敌之下部。


## 【左右提鞭一】

**姿势说明**

右足向右方上一步，身体转向左方。右腿下坐。左足向左略进，足尖点地，足跟翘起，膝微屈。全体重心，均在右足。同时右手持剑，由右前下方，用剑锋向左方崩起。下刃向左方，上刃向右方，剑锋向上。左手抱剑柄，以助其力。面向左方，目平视。（图4-46）

图 4-46　左右提鞭一

**应用说明**

敌人自身旁用枪来刺我膝，我转身避过敌枪，乘势用剑崩取敌之前手。

## 【左右提鞭二】

图 4-47　左右提鞭二

**姿势说明**

身体由左方转向右方，右膝向右弓出。左腿蹬直。全体重心，均在右足。同时右手持剑，由左而前向右方立剑平移。下刃向右方，上刃向左方，剑锋向上。左手抱剑柄以助之。面向右方，目平视。（图 4-47）

**应用说明**

敌人用枪自身后来刺，我转身以避之，乘势用剑直格敌之前手。

## 【落花待扫】

图 4-48　落花待扫（1）

**姿势说明**

右足向左方进一步，膝向左方弓出。左腿蹬直。全体重心，均在右足。同时右手持剑，由右方下劈，然后向左方反手平撩。下刃向上，上刃向下，剑锋向左方。左手剑诀按右腕以助之。面向左方，目注剑锋。（图 4-48）

**应用说明**

敌人用枪自背后刺我腰部，我回身闪过敌枪，乘势进步，用剑直撩敌人之喉。

## 【卧虎当门】

### 姿势说明

右足向右方撤回半步，足尖点地，足跟翘起，膝微屈。左足不动，而腿下坐。全体重心，均在左足。同时右手持剑，反手向怀中抱回。下刃向上，上刃向下，剑锋向左方。左手剑诀按右腕以助之。面向左方，目平视。（图4-49）

图 4-49　卧虎当门（1）

### 应用说明

敌人用枪刺我头部，我撤步以泄其力，乘势用剑搋着敌枪，以观其变。

## 【落花待扫】

### 姿势说明

右足向左方进半步，左足再向左方进一步，膝向左方弓出。右腿蹬直。全体重心，均在左足。同时右手持剑，由左方上提，向右方下劈，然后反手再向左方平撩。下刃向上，上刃向下，剑锋向左方。左手剑诀按右腕以助其力。面向左方，目注剑锋。（图4-50）

图 4-50　落花待扫（2）

**应用说明**

敌人用枪刺我胸部，我用剑挂开敌枪，乘势进步，直撩敌人之喉。

## 【卧虎当门】

**姿势说明**

左足向右方撤回半步，足尖点地，足跟翘起，膝微屈。右足不动，而腿下坐。全体重心，均在右足。同时右手持剑，反手向怀中抱回。下刃向上，上刃向下，剑锋向左方。左手剑诀按右腕以助之。面向左方，目平视。（图4-51）

图4-51 卧虎当门（2）

**应用说明**

敌人用枪刺我头部，我向后撤步，以泄其力，乘势用剑掳着敌枪，以观其变。

## 【翻身披挂】

**姿势说明**

左足向左方开半步，双腿下蹲。全体重心，在两足间之中点。同时右手持剑，由左方上提，向右方平劈。下刃向下，上刃向上，剑锋

向右方。左手剑诀向左方
平伸，以称其力。面向右
方，目注剑锋。（图4-52）

**应用说明**

敌人自身后用枪刺我
腰部，我转身闪开敌枪，
用剑直劈敌人之头。

图4-52　翻身披挂

## 【进步提撩】

**姿势说明**

右足向左方进一步，
双腿下蹲。全体重心，在
两足间之中点。同时右手
持剑，由右方向下，再向
左后上方反手撩出，然后
向右方下劈。待剑与喉齐
之时，而后反手平剑，由
右方向左方平扫。下刃向

图4-53　进步提撩

前方，上刃向后方，剑锋向左方。左手剑诀向右方平伸，以均其势。
面向左方，目注剑锋。（图4-53）

**应用说明**

敌人自身旁用枪来刺，我将身稍移，以泄其力，进步用剑撩取敌
人之喉。倘敌欲抽枪，我顺其抽力，用剑横扫敌人之头。

## 【抱月式】

### 姿势说明

右足向后方进半步，足尖点地，足跟翘起，膝微屈。左足不动，而腿下坐。全体重心，均在左足。同时右手持剑，由左

图 4-54　抱月式

方反手平剑向怀中抱回。剑镡置于胸腹之间。下刃向右方，上刃向左方，剑锋向后方。左手抱剑柄，以助其力。面向后方，目平视。（图 4-54）

### 应用说明

敌人自身旁用枪刺我胸部，我将身移动，以避其锋，乘势用剑平拂敌枪，以待其变。

## 【军鞭式】

### 姿势说明

右足向左前方进一步，膝向左前方弓出。左腿蹬直。全体重心，均在右足。同时右手持剑，由后方向左

图 4-55　军鞭式

前方平剑刺出。下刃向左后方，上刃向右前方，剑锋向左前方。左手剑诀向右后方平伸，以称其力。面向左前方，目注剑锋。（图 4-55）

**应用说明**

敌人用枪自身旁来刺，我用剑顺其枪杆直进，以取敌人之头。


## 【肘底看剑】

**姿势说明**

右足向右方退一步，左腿屈膝上提。全体重心，均在右足。同时右手持剑，由左前方下劈，而后反手向左方上提。下刃向左上方，上刃向右下方，剑锋向左下方。左手剑诀下指，以称其力。面向左方，目平视。（图4-56）

**应用说明**

敌人用枪刺我下部，我用剑下劈以避之。敌复抽枪上刺，我反剑上提，以撩敌之前手。

图4-56　肘底看剑


## 【海底捞月】

**姿势说明**

左足向左前方进一步，膝向左前方弓出。右腿蹬直。全体重心，均在左足。同时右手持剑，由左方上提，向右后方下劈。然后平剑擦地，由右后方向左前方平扫。下刃向左后方，上刃向右前方，剑锋向

左前方。左手剑诀按右腕以助其势。面向左前方，目注剑锋。（图4-57）

**应用说明**

敌人用枪来刺我头，我进步闪过敌枪，乘势用剑，捞取敌人之腿。

图4-57　海底捞月

## 【横扫千军一】

**姿势说明**

身体向右方微移动，右腿直立，左足提起，向左前方平踢。全体重心，均在右足。同时右手持剑，由左前方向后方拨击，然后向怀内抱回。剑柄横置胸腹之间。下刃向左方，上刃向右方，剑锋向后方。左手抱右腕，以助其力。面向左方，目平视。（图4-58）

**应用说明**

敌人用枪刺我胸部，我用剑向外平击，乘势用足直踢敌人之腹。

图4-58　横扫千军一

## 【横扫千军二】

### 姿势说明

左足向左前方进一步，右足再向左方进一步，膝向左方弓出。左腿蹬直。全体重心，均在右足。同时右手持剑，横剑向左方平推。下刃向左方，上刃向右方，剑锋向后方。左手抱右腕以助之。面向左方，目平视。（图4-59）

图 4-59 横扫千军二

### 应用说明

敌人之枪，既被击开，即向后抽枪，我顺其抽力，乘势进步，用剑横扫敌人之胸。

## 【撇身击】

### 姿势说明

左足向左方进半步，足尖点地，足跟翘起，膝微屈。右足不动，腿向下坐。全体重心，均在右足。同时右手持剑，由后方向左下方平击。下刃向右下方，上刃向左上方，剑锋向左下方。左手抱右腕以助之。面向左方，目注剑锋。（图4-60）

图 4-60 撇身击

敌人用枪刺我下部，我将身向旁撒开，乘势进步，用剑击开敌枪，以观其变。

## 【抱头洗】

### 姿势说明

右足向左方进半步，足尖点地，足跟翘起，膝微屈。左足不动，而腿下坐。全体重心，均在左足。同时右手持剑，由左下方反手上提抱回。剑柄置右耳侧。下刃向上，上刃向下，剑锋向左方。左手抱剑柄以助之。面向左方，目平视。（图4-61）

图 4-61　抱头洗

### 应用说明

敌人用枪刺我头部，我用剑反提敌枪，乘势进步，直取敌人之喉。

## 【魁星提笔】

### 姿势说明

右足向右方退一步，屈膝而腿下坐。左足再向右方退半步，足尖点地，足跟翘起，膝微屈。全体重心，均在右足。同时右手持剑，由左方下劈，向右方上提，然后仍向左方下刺。下刃向左方，上刃向右方，剑锋向下。左手剑诀按右腕以助之。面向左方，目平视。（图4-62）

**应用说明**

敌人用枪刺我胸部，我用剑下掳，倘敌抽枪再刺，我即用剑下刺，以防御之。

图 4-62　魁星提笔

## 【燕子入巢】

**姿势说明**

以右足为轴，身体由左方转向右后方。左足向右后下方踢出。右膝微屈，腿向下坐。全体重心，均在右足。同时右手持剑，由左方向右后下方平剑刺出，剑与左腿成平行线。下刃向右前方，上刃向左后方，剑锋向右后下方。左手抱右腕以助之。面向右后方，目注剑锋。（图4-63）

图 4-63　燕子入巢

**应用说明**

敌人用枪自身后来刺，我转身以避之，乘势以足踢开敌枪，用剑直刺敌之腹部。

## 【灵猫捕鼠】

### 姿势说明

左足向右后方进一步，右足再向右后方跳一步，左足再向右后方进一步，双腿下坐，左腿上，而右腿下。全体重心，均在右足。同时右手持剑，向右后下方平剑刺出。下刃向右前方，

图 4-64 灵猫捕鼠

上刃向左后方，剑锋向右后下方。左手抱右腕以助其力。面向右后方，目注剑锋。（图 4-64）

### 应用说明

敌人向后抽枪，我借其抽力，乘势跳步，直刺敌之下部。

## 【蜻蜓点水】

### 姿势说明

身体起立，右腿屈膝上提，小腿下垂。左足不动，而腿伸直。全体重心，均在左足。同时右手持剑上提，然后平剑，将剑尖向右后下方点去。其动作之姿态，有如蜻蜓点水者然。下刃向右前方，上刃向左后方，剑锋向右后下方。左手剑诀横置顶上，以称其力。面向右后方，目平视。（图 4-65）

图 4-65 蜻蜓点水

**应用说明**

敌人用枪刺我下部，我将足提起，避过敌枪，乘势用剑直点敌人之头。

## 【黄蜂入洞】

**姿势说明**

右足向左前方进一步，膝向左前方弓出。左腿蹬直。全体重心，均在右足。同时右手持剑，由右后方立剑向左前方下刺。下刃向左前下方，上刃向右后上方，剑锋向右后下方。左手剑诀按右腕以助之。面向左前方，目平视。（图4-66）

**应用说明**

敌人用枪自身后来刺，我回身以避之，乘势用剑挂开敌枪，以待其变。

图4-66　黄蜂入洞

## 【老叟携琴】

**姿势说明**

右足向右后方撤回半步，足尖点地，足跟翘起，膝微屈。左足不动，而腿下坐。全体重心，均在左足。同时右手持剑，向右后上方

提起。下刃向右方，上刃向左方，剑锋向上。剑柄置左肘之外。左手剑诀立置颏下。面向左方，目平视。（图4-67）

**应用说明**

敌人用枪自身旁刺来，我退身以避之，用剑挂开敌枪，以待敌变。

图 4-67　老叟携琴

## 【云麾三舞一】

**姿势说明**

右足向左后方进半步，膝向左后方弓出。左腿蹬直。全体重心，均在右足。同时右手持剑，向左后方下劈。下刃向右前下方，上刃向左后上方，剑锋向左后下方。左手抱右腕以助其势。面向左后方，目注剑锋。（图4-68）

**应用说明**

敌人向后抽枪，我顺其抽力，乘势进步，用剑直劈敌人之头。

图 4-68　云麾三舞一

## 【云麾三舞二】

**姿势说明**

左足向左前方进一步，膝向左前方弓出。右腿蹬直。全体重心，均在左足。同时右手持剑，由左后方向右后方提起，然后向左前方下劈。下刃向右后下方，上刃向左前上方，剑锋向左前下方。左手抱右腕，以助其力。面向左前方，目注剑锋。（图4-69）

图4-69　云麾三舞二

**应用说明**

敌人用枪自身旁来刺，我以剑顺其力挂开，乘势进步，用剑直劈敌人之头。

## 【云麾三舞三】

**姿势说明**

左足向右后方撤回半步，足尖点地，足跟翘起，膝微屈。右足不动，而腿下坐。全体重心，均在右足。同时右手持剑，反手向右后方上提，剑柄置右耳侧。下刃向上，上刃向下，剑锋向后方。左手抱右腕，以助其力。面向前方，目平视。（图4-70）

图4-70　云麾三舞三

**应用说明**

敌人用枪刺我胸部，我用剑上提，拨开敌枪，以待其变。

## 【云麾三舞四】

**姿势说明**

左足向左前方进半步，膝向左前方弓出。右腿蹬直。全体重心，均在左足。同时右手持剑，由右后方上提，向左前方下劈。下刃向右后下方，上刃向左前上方，剑锋向左前下方。左手抱右腕以助之。面向左前方，目注剑锋。（图 4-71）

图 4-71 云麾三舞四

**应用说明**

敌人向后抽枪，我顺其抽力，乘势进步，用剑直劈敌人之头。

## 【云麾三舞五】

**姿势说明**

右足向左后方进一步，膝向左后方弓出。左腿蹬直。全体重心，均在右足。同时右手持剑，由左前下方向右前方上提，然后向左后方下劈。下刃向右前下方，上刃向左后上方，剑锋向左后下方。左手抱右腕，以助其力。面向左后方，目注剑锋。（图 4-72）

太极剑

203

**应用说明**

敌人用枪自身旁来刺,我以剑顺势挂开,乘势进步,用剑直劈敌人之头。

## 【云麾三舞六】

**姿势说明**

右足向右前方撤回半步,足尖点地,足跟翘起,膝微屈。左足不动,而腿下坐。全体重心,均在左足。同时右手持剑,反手向右前方上提,剑柄置左耳侧。下刃向上,上刃向下,剑锋向前方。左手抱右腕,以助其力。面向后方,目平视。(图4-73)

**应用说明**

敌人用枪刺我胸部,我用剑上提,拨开敌枪,以待其变。

图 4-72 云麾三舞五

图 4-73 云麾三舞六

## 【云麾三舞七】

**姿势说明**

右足向左后方进半步,膝向左后方弓出。左腿蹬直。全体重心,均在右足。同时右手持剑，由右前方上提，然后向左后方下劈。下刃向右前下方，上刃向左后上方，剑锋向左后下方。左手抱右腕，以助其力。面向左后方，目注剑锋。（图4-74）

**应用说明**

敌人向后抽枪，我顺其抽力，乘势进步，用剑直劈敌人之头。

图 4-74　云麾三舞七

## 【云麾三舞八】

**姿势说明**

左足向左前方进一步，膝向左前方弓出。右腿蹬直。全体重心，均在左足。同时右手持剑，由左后方向右前方上提，然后向左前方下劈。下刃向右后下方，上刃向左前上方，剑锋向左前下方。左手抱右腕，以助其力。面向左前方，目注剑锋。（图4-75）

**应用说明**

敌人用枪自身旁来刺，我以剑顺势挂开，乘势进步，用剑直劈敌人之头。

图 4-75　云麾三舞八

## 【云麾三舞九】

### 姿势说明

左足向右后方撤回半步，足尖点地，足跟翘起，膝微屈。右足不动，而腿下坐。全体重心，均在右足。同时右手持剑，反手向右后方上提，剑柄置右耳侧。下刃向上，上刃向下，剑锋向后方。左手抱右腕，以助其力。面向前方，目平视。（图4-76）

图4-76 云麾三舞九

### 应用说明

敌人用枪向我胸部刺来，我用剑上提，拨开敌枪，以待其变。


## 【拨云见日一】

### 姿势说明

左足向左后方进一步，右足再向左后方背一步，双腿下蹲。全体重心，均在左足。同时右手持剑，交于左手，由右后方向右前方下劈，然后反手向左后方撩出。下刃向右前上方，上刃向左后下方，剑锋向左后上方。右手剑诀按左腕以助其力。面向左后方，目注剑锋。（图4-77）

图4-77 拨云见日一

**应用说明**

敌人用枪刺我头部，我以剑反臂拨开，乘势进步，用剑撩取敌人之喉。

## 【拨云见日二】

**姿势说明**

左足向左后方进一步，膝向左后方弓出。右腿蹬直。全体重心，均在左足。同时左手持剑，由左后方向右前方挂回，然后仍反手向左后上方撩出。下刃向右前上方，上刃向左后下方，剑锋向左后上方。右手剑诀按左腕以助之。面向左后方，目注剑锋。（图4-78）

图4-78 拨云见日二

**应用说明**

敌人向后抽枪，我顺其抽力，挂开敌枪，乘势进步，用剑撩取敌人之头。

## 【妙手摘星】

**姿势说明**

身体由左后方向左方微移，左右足均不动。全体重心，均在左足。同时左手持剑，由左后方向左方作一小圈，然后收回。下刃向前方，上刃向后方，剑锋向左后上方。右手剑诀按左腕以助其势。面向左后方，目注剑锋。（图 4-79）

**应用说明**

敌人抽枪来刺我面，我顺其力，用剑挥开敌枪，以观其变。

图 4-79　妙手摘星

## 【迎风掸尘一】

**姿势说明**

左足向右方撤回半步，足尖点地，足跟翘起，膝微屈。右足不动，而腿下坐。全体重心，均在右足。同时左手持剑，由左后方立剑向胸前抱回。下刃向右方，上刃向左方，剑锋向上。右手抱剑柄以助之。面向前方，目平视。（图 4-80）

**应用说明**

敌人用枪向胸部来刺，我转身以避之，乘势用剑挂开敌枪，以待其变。

图 4-80　迎风掸尘一

## 【迎风掸尘二】

### 姿势说明

左足向左方迈半步，以右足跟为轴，身体由前方转向后方。双膝微屈。全体重心，均在左足。同时左手持剑，由前方立剑向后方随身旋转平格。下刃向左方，上刃向右方，剑锋向上方。右手抱剑柄以助之。面向后方，目平视。（图 4-81）

图 4-81　迎风掸尘二

### 应用说明

敌人用枪自身旁来刺，我转身以避之，乘势用剑挂开敌枪，以待其变。

## 【迎风掸尘三】

### 姿势说明

右足向左方进一步，膝向左方弓出。左腿蹬直。全体重心，均在右足。

图 4-82　迎风掸尘三

同时左手持剑，仍交右手，然后向左方平刺。下刃向上，上刃向下，剑锋向左方。左手抱剑柄以助之。面向左方，目注剑锋。（图 4-82）

### 应用说明

敌人向后抽枪，我顺其抽力，乘势进步，用剑直刺敌人之喉。

## 【迎风掸尘四】

### 姿势说明

右足向右方撤回半步，足尖点地，足跟翘起，膝微屈。左足不动，而腿下坐。全体重心，均在左足。同时右手持剑，由左方立剑向胸前抱回。下刃向右方，上刃向左方，剑锋向上。左手抱剑柄以助之。面向后方，目平视。（图 4-83）

图 4-83　迎风掸尘四

### 应用说明

敌人用枪刺来，我用剑横格敌枪，以待其变。


## 【迎风掸尘五】

### 姿势说明

右足向左方迈半步，以左足跟为轴，身体由后方转向前方。双膝微屈。全体重心，均在右足。同时右手持剑，由后方立剑向前方随身旋转平格。下刃向左方，上刃向右方，剑锋向上。左手抱剑柄以助之。面向前方，目平视。（图 4-84）

图 4-84　迎风掸尘五

**应用说明**

敌人自身旁用枪来刺，我转身以避之，乘势用剑挂开敌枪，以待其变。

## 【迎风掸尘六】

**姿势说明**

左足向左方进一步，膝向左方弓出。右腿蹬直。全体重心，均在左足。同时右手持剑，反手向左方平刺。下刃向上，上刃向下，剑锋向左方。左手抱剑柄以助之。面向左方，目注剑锋。（图4-85）

图 4-85　迎风掸尘六

**应用说明**

敌人向后抽枪，我顺其抽力，乘势进步，用剑直刺敌人之喉。

## 【猛虎跳涧】

**姿势说明**

身体由左方转向右方，然后左右足互易其地，作一跳步。右腿屈膝下坐，左腿伸直。全体重心，均在右足。同时右手持剑，由左方上提，向右方下劈。剑与地面成平行线。下刃向下，上刃向上，剑锋向右方。左手抱剑柄以助之。面向右方，目平视。（图4-86）

应用说明

敌人自身后用枪刺我下部，我跳步以避之，乘势用剑下劈敌人之头。

## 【燕子衔泥】

### 姿势说明

身体向前移动，左膝向右方弓出。右腿蹬直。全体重心，均在左足。同时右手持剑，向右方崩出。下刃向左下方，上刃向右上方，剑锋向右下方。左手抱剑柄以助之。面向右方，目注剑锋。（图 4-87）

### 应用说明

敌人向后抽枪，我顺其抽力，乘势用剑直崩敌人之膝。

## 【却步反截】

### 姿势说明

左足向左后方撤回半步，右腿下坐。全体重心，均在右足。同时右手持剑，由右下方向左上方撤回。然后反手向右下方撩出。下刃向右上方，上刃向左下方，剑锋向右下方。左手抱剑柄以助之。面向右

图 4-86　猛虎跳涧

图 4-87　燕子衔泥

方，目平视。（图4-88）

**应用说明**

敌人用枪来刺我膝，我将足斜撤以泄其力，乘势用剑反截敌枪，以待其变。

图4-88　却步反截

## 【左右卧鱼一】

**姿势说明**

右足向右后方进一步，屈膝而腿下蹲。左足再向右后方透一步，而腿伸直。全体重心，均在右足。同时右手持剑，由右下方向左方上提，然后向右后方下劈。下刃向下，上刃向上，剑锋向右后下方。左

图4-89　左右卧鱼一

手剑诀横置顶上，以称其力。面向右后方，目注剑锋。（图4-89）

**应用说明**

敌人用枪刺我腿部，我用剑挂开，乘势进步。敌复向后抽枪，我即顺其抽力，以足踢开敌枪，用剑直劈敌人之头。

## 【左右卧鱼二】

### 姿势说明

左足落地为轴，身体由左方转向后方，然后左腿屈膝下坐。右足再向右后方透一步，而腿伸直。全体重心，均在左足。同时右手持剑，由右后方向左方上提，然后向右后方下劈。下刃向下，上刃向上，剑锋向右后下方。左手剑诀按右腕以助其势。面向右后方，目注剑锋。（图4-90）

图 4-90　左右卧鱼二

### 应用说明

敌人向后抽枪，我顺其抽力，乘势以足踢开敌枪，用剑直劈敌人之头。

## 【分手云麾一】

### 姿势说明

右足向右后方落下，膝向右后方弓出。左腿蹬直。全体重心，均在右足。同时右手持剑，由右后方向左前方平扫，然后再向右后方横扫。下刃向左后方，上刃向右前方，剑锋向右后下方。左手抱右腕以助之。面向右后方，目注剑锋。（图4-91）

图 4-91　分手云麾一

**应用说明**

敌人自身后用枪来刺，我转身以避之，乘势用剑横扫敌人下部。

## 【分手云麾二】

**姿势说明**

右足向左前方撤回半步，足尖点地，足跟翘起，膝微屈。左足不动，而腿下坐。全体重心，均在左足。同时右手持剑，由右后下方反手向胸前抱回。下刃向上，上刃向下，剑锋向右方。左手剑诀按右腕以助之。面向右方，目平视。（图4-92）

**应用说明**

敌人用枪刺我胸部，我用剑反手挂开，以待其变。

图4-92　分手云麾二

## 【分手云麾三】

**姿势说明**

右足向右后方进半步，膝向右后方弓出。左腿蹬直。全体重心，均在右足。同时右手持剑，向右后下方平扫。下刃向左后方，上刃向右前方，剑锋向右后下方。左手抱右腕以助之。面向右后方，目注剑

锋。（图 4-93 ）

**应用说明**

敌人用枪刺我腿部，我以剑扫开
敌枪，乘势进步，用剑直取敌之下部。

## 【分手云麾四】

**姿势说明**

图 4-93　分手云麾三

身体向右方微移，右膝向右方弓
出。左腿蹬直。全体重心，均在右
足。同时右手将剑交于左手。左手持
剑，由右后下方，向右前下方上提，
再向右后上方劈之，然后反手向右前
上方斜挂。下刃向左前上方，上刃向
右后下方，剑锋向右后上方。右手剑
诀向右后上方伸出，以称其力。面向
右方，目平视。（图 4-94 ）

图 4-94　分手云麾四

**应用说明**

敌人用枪刺我下部，我用剑外挂，敌抽枪又向我胸部刺来，我复
用剑外格，以待其变。

## 【黄龙转身】

### 姿势说明

右足向左方进一步，左足再向左方进一步。身体随步由右向前、向左、向后、向右、向前、向左旋转一周半。然后左膝向左弓出，右腿蹬直。全体重心，均在左足。同时左手持剑，随身旋转，至第二次面向左方时，将剑向

图 4-95　黄龙转身

左后上方反手斜格。下刃向右后上方，上刃向左前下方，剑锋向左前上方。右手剑诀向左前上方伸出，以称其力。面向左方，目平视。（4-95）

### 应用说明

敌人自身后用枪刺我腿部，我转身以剑挂开。敌抽枪来刺我胸，我复用剑外格，以待其变。

## 【拨草寻蛇一】

### 姿势说明

左足向右前方撤回半步，足尖点地，足跟翘起，膝微屈。右足不动，而腿下坐。全体重心，均在右足。同时左手持剑，由左后上方，向左前下方平剑横拨。下刃向前，上刃向后，剑锋向左下方。右手抱剑柄以助之。面向左方，目注剑锋。（图 4-96）

图 4-96　拨草寻蛇一

**应用说明**

敌人用枪刺我下部，我用剑横拨，以待其变。

## 【拨草寻蛇二】

**姿势说明**

左足向左后方微移，足尖点地，足跟翘起，膝微屈。右足不动，而腿下坐。全体重心，均在右足。同时左手持剑，向左后下方平剑横拨。下刃向后，上刃向前，剑锋向左下方。右手抱剑柄以助之。面向左方，目注剑锋。（图4-97）

图 4-97　拨草寻蛇二

**应用说明**

敌人抽枪刺我下部，我用剑横拨，以待其变。

## 【拨草寻蛇三】

**姿势说明**

右足向左方进半步，足尖点地，足跟翘起，膝微屈。左足不动，而腿下坐。全体重心，均在左足。同时左手将剑交与右手。右手持剑，向左下方直刺。下刃向右下方，上刃向左上方，剑锋向左下方。左手抱剑柄以助之。面向左方，目注剑锋。（图4-98）

**应用说明**

敌人向后抽枪，我顺
其抽力，乘势进步，用剑
直刺敌之下部。

图 4-98　拨草寻蛇三

## 【拨草寻蛇四】

**姿势说明**

右足向左后方微移，足尖点地，
足跟翘起，膝微屈。左足不动，而
腿下坐。全体重心，均在左足。同时
右手持剑，由左方向左后下方平剑横
拨。下刃向后方，上刃向前方，剑锋
向左下方。左手抱剑柄以助之。面向
左方，目注剑锋。（图 4-99）

图 4-99　拨草寻蛇四

**应用说明**

敌人用枪刺我下部，我移步以避
之，乘势用剑横拨敌枪，以待其变。

## 【拨草寻蛇五】

**姿势说明**

右足向左前方微移，足尖点地，足跟翘起，膝微屈。左足不动，而腿下坐。全体重心，均在左足。同时右手持剑，向左前下方平剑横拨。下刃向前方，上刃向后方，剑锋向左下方。左手抱剑柄以助之。面向左方，目注剑锋。（图4-100）

**应用说明**

敌人用枪刺我腿部，我将步稍移以避之，乘势用剑拨开敌枪，以待其变。

图4-100　拨草寻蛇五

## 【拨草寻蛇六】

**姿势说明**

左足向左方进半步，足尖点地，足跟翘起，膝微屈。右足不动，而腿下坐。全体重心，均在右足。同时右手持剑，向左下方直刺。下刃向右下方，上刃向左上方，剑锋向左下方。左手抱剑柄以助之。面向左方，目注剑锋。（图4-101）

**应用说明**

敌人向后抽枪，我顺其抽力，乘势进步，用剑直刺敌之下部。

图4-101　拨草寻蛇六

## 【金龙揽尾一】

### 姿势说明

左足向右方退少半步，足尖点地，足跟翘起，膝微屈。右足不动，而腿下坐。全体重心，均在右足。同时右手持剑，由左下方反手向右后下方挂回。下刃向左下方，上刃向右上方，剑锋向右下方。左手剑诀按右腕以助之。面向左方，目平视。（图4-102）

图 4-102　金龙揽尾一

### 应用说明

敌人用枪刺我下部，我退步以避之，乘势用剑挂开敌枪，以待其变。

## 【金龙揽尾二】

### 姿势说明

左足向右方退一步，弓膝而腿下坐。右足再向右方退半步，足尖点地，足跟翘起，膝微屈。全体重心，均在左足。同时右手持剑，反手由右下方上提，向左方下劈，而后再向右前下方挂出。下刃向左下方，上刃向右上方，剑锋向右下方。左手剑诀按右腕以助之。面向左方，目平视。（图4-103）

图 4-103　金龙揽尾二

**应用说明**

敌人抽枪刺我腿部,我向后退步,以泄其力,乘势用剑挂开敌枪,以待其变。

## 【白蛇吐信一】

**姿势说明**

右足向左方进半步,膝向左方弓出。左腿蹬直。全体重心,均在右足。同时右手持剑,由右下方上提,而后向左下方直刺。下刃向右下方,上刃向左上方,剑锋向左下方。左手抱剑柄以助之。面向左方,目注剑锋。(图4-104)

**应用说明**

敌人向后抽枪,我顺其抽力,乘势进步,用剑直刺敌之下部。

图 4-104 白蛇吐信一

## 【白蛇吐信二】

**姿势说明**

左足向左方进一步,膝向左方弓出。右腿蹬直。全体重心,均在左足。同时右手持剑,由左下方提起,向左方平刺。下刃向下,上

刃向上，剑锋向左方。左手抱剑柄以助之。面向左方，目注剑锋。（图4-105）

**应用说明**

敌人用枪刺我胸部，我以剑上提，拨开敌枪，乘势进步，用剑直刺敌人之胸。

图 4-105　白蛇吐信二

## 【白蛇吐信三】

**姿势说明**

右足向左方进一步，膝向左方弓出。左腿蹬直。全体重心，均在右足。同时右手持剑，由左方抱回，然后向左上方直刺。下刃向左下方，上刃向右上方，剑锋向左上方。左手抱剑柄以助之。面向左方，目注剑锋。（图4-106）

**应用说明**

敌人用枪刺我头部，我回剑挂开敌枪，乘势进步，用剑直刺敌人之头。

图 4-106　白蛇吐信三

## 【大鹏展翅】

### 姿势说明

右足向右方退一步，左膝向左弓出。右腿蹬直。全体重心，均在左足。同时右手持剑，由左上方反

图 4-107 大鹏展翅

手向右前下方撩出。下刃向右后上方，上刃向左前下方，剑锋向右前下方。左手剑诀向左后上方伸出，以称其力。面向右前方，目注剑锋。（图 4-107）

### 应用说明

敌人自身后用枪刺我腿部，我退步以避之，乘势用剑撩开敌枪，以待敌变。

## 【勒马观潮】

### 姿势说明

左足向右方进一步，右足再向右方进一步，膝向右方弓出。左腿蹬直。全体重心，均在右足。身体亦随步由前向右、向后、向左、向前旋转一周。同

图 4-108 勒马观潮

时右手持剑，提至顶上，笼罩全身，随身旋转。然后向左前方下劈，再向右后上方反提。下刃向右前上方，上刃向左后下方，剑锋向左前下方。左手剑诀向前方伸出，以称其势。面向前方，目平视。（图 4-108）

**应用说明**

敌人向后抽枪，我顺其抽力，乘势进步，用剑提撩敌人之胸。

## 【抱月式】

**姿势说明**

右足向左前方进半步，足尖点地，足跟翘起，膝微屈。左足不动，而腿下坐。全体重心，均在左足。同时右手持剑，由右后上方，反手平剑向怀中抱回。剑镡置于胸腹之间。下刃向左方，上刃向右方，剑锋向前方。左手抱剑柄以助其力。面向前方，目平视。（图4-109）

图4-109　抱月式

**应用说明**

敌人自身旁用枪刺我胸部，我将身移动以避之，乘势用剑平掳敌枪，以待其变。

## 【单鞭式】

**姿势说明**

右足向右后方进一步，膝向右后方弓出。左腿蹬直。全体重心，均在右足。同时右手持剑，向右后方平刺，下刃向右前方，上刃向左后方，剑锋向右后上方。
左手剑诀向左前方伸出，
以称其势。面向右后方，
目注剑锋。（图4-110）

**应用说明**

敌人用枪自身旁来刺，
我用剑顺其枪杆直进，以
取敌人之头。

图 4-110　单鞭式

## 【乌龙摆尾】

**姿势说明**

身体向左前方微移，
然后还原。右膝仍向右后
方弓出。左腿蹬直。全体
重心，仍在右足。同时右
手持剑，由右后方上提，
向左前方下劈，而后反手
仍向右后上方撩出，下刃
向左后上方，上刃向右前

图 4-111　乌龙摆尾

下方，剑锋向右后上方。左手剑诀按右腕以助之。面向右后方，目注
剑锋。（图4-111）

**应用说明**

敌人向后抽枪，我顺其抽力，乘势用剑反格敌之前手。

## 【鹞子串林一】

### 姿势说明

右足向左前方撤回半步，足尖点地，足跟翘起，膝微屈。左足不动，而腿下坐。全体重心，均在左足。同时右手持剑，由右后方反手向左方挂回。下刃向上，上刃向下，剑锋向右方。左手剑诀按右腕以助之。面向右方，目平视。（图4-112）

图 4-112　鹞子串林一

### 应用说明

敌人用枪刺我胸部，我将步后撤，以泄其力，乘势用剑挂开敌枪，以待其变。

## 【鹞子串林二】

### 姿势说明

右足向右方进半步，左足亦向右方跟半步，足尖点地，足跟翘起，膝微屈。右腿下坐。全体重心，均在右足。同时右手持剑，随身向右方平刺，下刃向上，上刃向下，剑锋向右方。左手剑诀按右腕以助之。面向右方，目平视。（图4-113）

图 4-113　鹞子串林二

太极剑

227

**应用说明**

敌人向后抽枪，我顺其抽力，乘势进步，用剑直刺敌人之喉。

## 【鹞子串林三】

**姿势说明**

左足向左方撤回半步，右足再向左方撤回半步，足尖点地，足跟翘起，膝微屈。左腿下坐。全体重心，均在左足。同时右手持剑，随身向左前方挂回，下刃向上，上刃向下，剑锋向右方。左手剑诀按右腕以助之。面向右方，目平视。（图4-114）

图 4-114　鹞子串林三

**应用说明**

敌人抽枪来刺我胸，我向后撤步，以泄其力，乘势用剑挂开敌枪，以待其变。

## 【鹞子串林四】

**姿势说明**

右足向左后方退一步，弓膝而腿下坐。左足再向左后方退半步，足尖点地，足跟翘起，膝微屈。全体重心，均在右足。同时右手持剑，由右方反手向左后方外挂，下刃向上，上刃向下，剑锋向右方。左手剑诀按右腕以助之。面向右方，目平视。（4-115）

**应用说明**

敌人用枪刺我胸部，我退步以泄
其力，乘势用剑挂开敌枪，以待其变。

## 【鹞子串林五】

**姿势说明**

左足向右方进半步，右足再向右
方跟半步，足尖点地，足跟翘起，膝
微屈。左腿下坐。全体重心，均在左
足。同时右手持剑，随身向右方平刺，
下刃向上，上刃向下，剑锋向右方。
左手剑诀按右腕以助之。面向右方，
目平视。（图4-116）

**应用说明**

敌人向后抽枪，我顺其抽力，乘
势进步，用剑直刺敌人之喉。

## 【鹞子串林六】

**姿势说明**

右足向左方撤半步，左足亦向左方撤半步，足尖点地，足跟翘
起，膝微屈。右腿下坐。全体重心，均在右足。同时右手持剑，由

图4-115　鹞子串林四

图4-116　鹞子串林五

右方随身向左方挂回，下刃向上，上刃向下，剑锋向右方。左手剑诀按右腕以助之。面向右方，目平视。（图4-117）

**应用说明**

敌人用枪刺我胸部，我退步以泄其力，乘势用剑挂开敌枪，以待其变。

图 4-117　鹞子串林六

## 【鹞子串林七】

**姿势说明**

右足向右方进一步，左足再向右方跟一步，足尖点地，足跟翘起，膝微屈。右腿下坐。全体重心，均在右足。同时右手持剑，随身向右方平刺，下刃向上，上刃向下，剑锋向右方。左手剑诀按右腕以助之。面向右方，目平视。（图4-118）

**应用说明**

敌人向后抽枪，我顺其抽力，乘势进步，用剑直刺敌人之喉。

图 4-118　鹞子串林七

## 【鹞子串林八】

### 姿势说明

左足向左方撤一步，右足再向左方撤半步，足尖点地，足跟翘起，膝微屈。左腿下坐。全体重心，均在左足。同时右手持剑，随身向左方挂回，下刃向上，上刃向下，剑锋向右方。左手剑诀按右腕以助之。面向右方，目平视。（图4-119）

图 4-119　鹞子串林八

### 应用说明

敌人用枪刺我胸部，我向后撤步，以泄其力，乘势用剑挂开敌枪，以待其变。

## 【大鹏展翅】

### 姿势说明

右足向左方退一步，左足不动，而膝向右弓出。右腿蹬直。全体重心，均在左足。同时右手持剑，

图 4-120　大鹏展翅

由右方下劈，然后反手向左下方撩出，下刃向左前上方，上刃向右后下方，剑锋向左下方。左手剑诀向右上方伸出，以称其力。面向左方，目注剑锋。（图4-120）

**应用说明**

敌人用枪自身后来刺，我退步以避之，乘势用剑撩开敌枪，以待
其变。

## 【农夫着锄】

**姿势说明**

左足向左方撤回半步，足尖点地，
足跟翘起，膝微屈。右足不动，而腿
下坐。全体重心，均在右足。同时右
手持剑，由左下方立剑上提，而后向
右下方直刺。下刃向右上方，上刃向
左下方，剑锋向右下方。左手剑诀按
右腕以助其力。面向右方，目平视。
（图 4-121）

图 4-121　农夫着锄

**应用说明**

敌人用枪刺我腿部，我撤步以避之，乘势用剑挂开敌枪，以待
其变。

## 【迎门剑】

**姿势说明**

左足向右方进半步，右足再向右方进一步，膝向右方弓出。左腿

蹬直。全体重心，均在右足。同时右手持剑，由右下方向左前方反挂上提，仍向右方下劈。下刃向左下方，上刃向右上方，剑锋向右下方。左手剑诀向左方伸出，以称其力。面向右方，目注剑锋。（图4-122）

图 4-122　迎门剑

### 应用说明

敌人用枪刺我下部，我以剑挂开敌枪，乘势进步，用剑直劈敌人之头。

## 【太公钓鱼】

### 姿势说明

右足向左方撤回半步，足尖点地，足跟翘起，膝微屈。左足不动，而腿下坐。全体重心，均在左足。同时右手持剑，由右下方向左下方挂回，然后反手向右方劈出。下刃向上，上刃向下，剑锋向右方。左手剑诀按右腕以助之。面向右方，目平视。（图4-123）

图 4-123　太公钓鱼

**应用说明**

敌人用枪刺我下部，我将腿后撤，以泄其力，乘势用剑挂开敌枪，反劈敌人之头。

## 【翻身交剑式】

**姿势说明**

右足向右方进半步，左足再向右方进一步。身体由右向后转向左方。右腿屈膝上提。全体重心，均在左足。同时右手持剑，由右方反手下挂，然后向左方上提，将剑柄交还左手。下刃向左上方，上刃向右下方，剑锋向左下方。右手剑诀按左腕以助其力。面向左方，目平视。（图4-124）

图4-124　翻身交剑式

## 【托梁换柱】

**姿势说明**

右足甫经落地，而左足提起，作一跳步。全体重心，均在右足。同时左手背剑，剑柄下垂，置左膝侧，剑锋向上。右手剑诀横置顶上，以称其力。面向左方，目平视。（图4-125）

图4-125　托梁换柱

## 【金针指南】

### 姿势说明

左足向左方迈一步，膝向左方弓出。右腿蹬直。全体重心，均在左足。同时左手背剑，由左膝盖之前方，向后方搂出，剑柄置左胯侧，剑锋向上，剑脊紧贴左臂。右手剑诀向左方伸出。面向左方，目平视。（图4-126）

图 4-126　金针指南

## 【收剑式】

### 姿势说明

身体由左方转向前方，左足向右方并步。全体重心，在两足间之中点。同时左手背剑，向左方提起，然后向上、向右，在身体之前方，作一圆圈，而后从容下垂，剑柄置左胯侧，剑锋向上。右手剑诀由左而下，向右横置顶上。面向左方，目平视。（图4-127）

图 4-127　收剑式

太极剑

## 【合太极】

### 姿势说明

头由左方转向前方。身体直立，面向前方，目平视。全体重心，在两足间之中点。同时左手背剑不动。右手剑诀由顶上从容放下，置右胯侧。动静归一，复还原始。（图 4-128）

图 4-128　合太极

# 结论

剑法之渊源与理论，姿势与应用，已如前述。兹将运用之变化，作进一步之研究以告读者。

夫剑法无运用不能因敌致胜，微变化焉能出入神奇？是以初学剑术者，或姿势不正确，或动作不自然，或应用不纯熟，或转换不伶俐，是皆由于不知运用之变化使然也。盖用剑之法，纽劲为上，灵捷为先。目宜速，身不可滞；手宜敏，步不可迟。久之，自然动作儒雅，举止大方，其形势似飞凤，其劲力透中锋。使用腰力，运动全身，故发劲用势，非仅徒用手指着力而已耳。

是故一举一动，务须活泼伶俐；一开一合，须知动静虚实。其动也，若龙飞凤舞；其静也，似虎步熊行。剑剑有神，无动若风摇之弊；步步实踏，免飘忽懒散之虞。进退转换，轻灵自在。跳跃纵横，知机入神。他如凝神定性，意前剑后，心静气足，手健足轻，学者尤当注意及之。再能心性合一，体用兼备。无论所用之法，为砍、为撩、为抹、为刺、为抽、为提、为横、为倒……无不从心所欲。盖砍、撩、抹、刺、抽、提、横、倒，此八法者，为今日剑法之规矩也。古者《剑经》有四字诀，曰"击"，曰"刺"，曰"格"，曰"洗"。今之八法，横、倒，皆击也。刺与古法同，提即格也，抽即洗也。更益之以撩、抹、砍，则用剑诸法大备矣！

然后，平推平起，摇挽得宜，上下左右，圆活自如，轻捷便利，风驰电掣。进退起伏，不可有丝毫迟滞之态。翻花巨细，不能显少许笨重之形。古人所谓剑如凤舞，意在斯乎！至若用剑八法，倘能各尽其妙，则用剑之能事毕矣。何况每法之中，又有若干种方法耶？乃如砍法者，有平砍、立砍、顺砍、横砍、倒砍、斜砍、上砍、下砍、左砍、右砍、进砍、退砍、翻身砍等砍法。撩法者,有平撩、立撩、顺撩、横撩、倒撩、勾撩、上撩、下撩、左撩、右撩、反撩等撩法。抹法者,有抹手颈、抹咽喉等抹法。刺法者,有喉击刺、胸直刺、小腹刺、夹裆刺等刺法。抽法者,居中则退,相迫则抽,欲扬必抑,欲抑先扬,抽撤取巧,上下相当,退让相宜,匀称相合。所谓抽也者,以观敌变也。盖无抽法,则剑有进而无退,有刚而无柔。其法不活,其势不灵。故抽撤之法,实剑法中之根宗也。提法者,有上提、下提、左提、右提、顺提、横提等提法。横法者,剑横挥平环之谓也,纵跃起舞,处处得机,心领意会,神而明之者也。倒法者,纵跳起舞之谓也。以上七法,凡有纵跳之处,皆倒也。有高纵、矫纵、回纵、起纵、环纵、顺跳等倒法。

学者果能由浅而深,自简及繁,细心研究,加意练习,久而久之,自能得心应手,意到剑随,而有成竹于胸矣。再能以静制动,以柔克刚,以慢胜快,以巧敌抽,纵使敌能运用千般变化,吾乃守之以一,处之以和,无形无相,应物自然,大有纳敌于混沌初开之玄气中者然。当此之时,我欲攻,敌不知其所守;我欲守,敌不知其所攻。微乎!微乎!至于无声。神乎!神乎!至于无形。故能自保而全胜也。

后之学者,倘能尽心研究,以是书为行远自迩之一助,或因是书,别有心得,而更有所发明,则著者实有厚望焉!是为论。

太极功

# 太极拳敛聚神气论

太极之先，本为无极。鸿濛一气，浑然不分。故无极为太极之母，即万物先天之机也。二气分，天地判，始成太极。二气为阴阳，阴静阳动，阴息阳生。天地分清浊，清浮浊沉，清高浊卑。阴阳相交，清浊相媾，氤氲化生，始育万物。

人之生也，本为一无极。即先天之机是也。追入后天，始成太极。故万物莫不有无极，亦莫不有太极也。人之作用，有静有动。动极必静，静极必动。动静相因而阴阳分，浑然一太极也。人之生机，全恃神气。气清上浮，无异于天。神凝内敛，无异于地。神气相交，亦宛然一太极也。故习太极拳者，须先明太极之妙道，若不明此，徒劳无益也。

太极拳者，其静如动，其动如静，动静循环，生生不已。故内敛其神，外聚其气。拳即到，而意先到。拳不到，而意已到。意者，神之使也。神气即交，变化环生。

故习太极拳者，应以养心、定性、聚气、敛神为主。若心不能安，性即扰之。气不能聚，神必乱之。心性不接，神气不交，则全身四肢百体，莫能一气。虽依势活动，而难收成功之效也。

欲求安心、定性、敛神、聚气，则基功之法不可缺，而行功亦不可废。学者，须于动静之中，寻太极之至理，于刚柔之中，求生克之玄机。然后由太极而入无极，心性神气，相倚相随，则心安、性定、神敛、气聚。一身中之太极成，阴阳交，动静合，全身之四肢百体，周流通畅，不黏不滞，斯可谓得敛聚神气之法矣。

# 太极功宗气论 ①

　　太极拳在锻炼过程中，欲达到高级精湛之目的，必须练太极功，以促进其精进。予曾先后创作着功若干则、劲功若干则、松功若干则，通过学者练习，确认其为实收到裨益。兹将太极拳内景，编著太极拳气功若干则，以示学者。先由宗气入手，因作宗气论。

　　太极拳所谓"无极而太极"者，不可极而极之之谓也。《易》曰："寂然不动，感而遂通"，《丹书》云："身心不动以后，复有无极真机"，言太极之妙本也。是知气功所尚者，静定也。盖人心静定，未感物时，湛然一理，即太极之妙也。一感于物，遂有偏倚，即太极之变也。苟静定之时，谨其所存，则一理常明，虚灵不昧，动时自有主宰，一切事物之来，俱可应也。故静定功夫纯熟，则有不期然而然者，自然至此无极真机之境，于是乎太极拳之妙应既明，天地万物之理悉备于我也。

　　天地万物，"非气不运，非理不宰，理气相合，而不相离者也"。盖阴阳者，气也。"一气屈伸，而为阴阳动静，理也。理者，太极也。本然之妙也。所以纪纲造化，根柢人物，流行古今，不言之蕴也。是故在造化，则有消息盈虚；在人身，则有虚实顺逆。有消息盈虚，则有范围之道，有虚实顺逆，则有调剂之宜。斯理也，难言也。包牺氏 ② 画之，文王象之，姬公爻之，尼父赞而翼之，黄帝问而岐伯陈之，越人难而诂释之，一也。但经于四圣则为《易》，立论于岐黄则为《灵》《素》，辨难于越人则为《难经》"，书虽不同，而理则一也。知理一"则知易以道阴阳，而《素问》，而《灵枢》，而《难经》"，皆

---

① 本文参考明代医家孙一奎著《医旨绪余》。
② 包牺氏，即伏羲氏。

本阴阳而阐论也。"《易》理明，则可以范围天地，曲成民物，通知乎昼夜。《灵》《素》《难经》明，则可以节宣化机，拯理民物，调燮札瘥疵疠而登太和。"故精于太极拳者，必深于《易》而善于医，精于医者，必由通于太极拳而收不药而医之疗效，术业有专攻而理无二致也。其洞彻理气合一之者，会理之精，立论之确，即通乎太极拳体疗之义，比之拘方之学，一隅之见者，则有至简至易之体疗作用，其太极拳之特征欤？质之身受太极拳之效益者，必以予言为然也。

故太极拳之妙用，在能运用天地大气皷①轇，人身非此气皷轇，则津液不得行，呼吸不得息，血脉不得流通，糟粕不得传送。《黄帝内经·阴阳应象大论》曰："天气通于肺，地气通于嗌②。风气通于肝，雷气通于心，谷气通于脾，雨气通于肾，六经为川，肠胃为海，九窍为水注之气。"是以天人一致之理，不外乎阴阳五行。盖人之气化而成形者，即阴阳而言之。夫二五之精，妙合而凝，男女未判，而先生此二肾，如豆子果实出土时两瓣分开，而中间所生之根蒂，内含一点真气，以为生生不息之机，名曰动气，又曰原气。禀于有生之初，从无而有，此原气者，即太极之本体也。名动气者，盖动则生，亦阳之动也。此太极之用所以行也。两肾静物也。静则化，亦阴之静也。此太极之体所以立也。动静无间，阳变阴合，而生五行③，其命门之谓乎？《素问》曰："肾藏骨髓之气。"《难经》曰："男子以藏精，非此中可尽藏精也。盖脑者髓之海，肾窍贯脊通脑，故云。"《黄庭经》曰："肾气经于上焦，营于中焦，卫于下焦。"《中和集》曰："阖辟呼吸，即玄牝之门，天地之根，所谓阖辟者，非口

---

① 皷，撬动也。
② 嗌，咽喉也。
③ 五行，一水二火三木四金五土。据《素问·运气》曰："水之为言润也（阴气濡润任养万物）；火之为言化也（阳在上阴在下火毁然盛而化生万物）；木之为言触也（阳气触动冒地而生）；金之为言禁也（阴气始禁止万物而揪敛）；土之为言吐也（含吐万物将生者出将死者归为万物家）。"

鼻呼吸，乃真息也。"《黄庭经》曰："两部肾水对生门<sup>①</sup>。"越人曰："肾间动气者，人之生命。"于斯可见，太极拳养肾间之动气，意义之宏伟也。是故两肾间之动气，非水非火，乃造化之枢纽，阴阳之根蒂，即先天之太极。五行由此而生，脏腑以继而成。非有形质之物，学者宜深思之。

《素问·金匮真言论》曰："北方黑色，入通于肾，开窍于二阴。"《黄庭经》曰："左肾为壬，右肾为癸。<sup>②</sup>"《内经·四气调神大论篇》曰："肾者主蛰，封藏之本，精之处也。受脏腑之精<sup>③</sup>而藏之也。"因其皆属水，且火高水下，水火不相射，以维持脏腑之平衡，则百病不生，此太极拳之燮理阴阳之理，学者不可不察也。

动气或原气之说，概论之于前，现将宗气再说明之。宗气者，为言气之宗主也。此气抟于胸中，混混沌沌，人莫见其端倪，此其体也。及其行也，肺得之而为呼，肾得之而为吸，营得之而营于中，卫得之而卫于外，胸中即膻中<sup>④</sup>。膻中之分，父母居之，气之海也。三焦为气之父，故曰宗气出于上焦。营气者，为言营连谷气，入于经隧，达于脏腑，昼夜营周不休，始于肺脏而终于肺脏，以应刻数，故曰营出中焦也。又曰：营是营于中。又曰：营在脉中。世谓营为血者，非也。营气化而为血耳。中字非中焦之中，乃经中脉络中也。《素问·痹论》云："营者，水谷之精气，和调于五脏，洒陈于六腑，乃能入于脉也。"卫气者，为言护卫周身，温分肉，肥腠理，不使外邪侵犯也。始于膀胱而终于膀胱，故曰卫出下焦。又曰卫是卫于外，又曰卫在脉外<sup>⑤</sup>。《素问·痹论篇》曰："卫气者，水谷之悍气，其气慓疾滑利，不能入于脉也，故循皮肤之中，分肉之间，熏于肓膜，散于胸

---

① 生门，脐也。
② 壬癸皆水也。
③ 精亦水也。
④ 膻中，胸中两乳间曰膻。《素问》："膻中者，臣使之官，喜乐出焉。"
⑤ 此外字亦非纯言乎表，盖言行乎经隧之外也。

腹，逆其气则病，从其气则愈。"夫人与天地，生生不息者，盖一气之流行尔。是气也，具于身中，名曰宗气，又曰大气。经营昼夜，无少间断。《灵》《素》载之，而后人莫之言也。后人只知有营卫，而不知营卫无宗气，曷能独循于经隧，行呼吸以应息数，而温分肉哉？此宗气者，当与营卫并称，以见三焦上中下皆此气而为之统宗也。《灵枢经·五味篇》曰："谷始入于胃，其精微者，先出胃之两焦（中、下焦也），以溉五脏，别出两行，营卫之道，其大气之抟而不行者，积于胸中，命曰气海。①"又《邪客篇》曰："五谷入于胃也，其糟粕（下焦）、津液（中焦）、宗气（上焦），分为三隧。故宗气积于胸中，出于喉咙，以贯心脉，而行呼吸（此出上焦为一隧也）焉。营气者，泌其津液，注之于脉，化以为血，以营四末，内注五脏六腑，以应刻数（此出中焦为一隧也）。卫气者②，出其悍气之慓疾，而先行四末、分肉、皮肤之间而不休者也。昼日行于阳，夜行于阴，常从足少阴之分间，行于五脏六腑（此出下焦为一隧也）。"《营卫生会篇》云："黄帝曰：'愿闻营卫之所行，皆何道从来？'"岐伯曰：'营出于中焦，卫出于下焦。'"《卫气篇》曰："其浮气之不循经者，为卫气。其精气之行于经者，为营气。"明此三气者，自秦越人而后，唯四明马玄台《难经正义》考究极工，于宗气则曰："自夫饮食入胃，其精微之气，积于胸中，谓之宗气。"宗气会于上焦，即八会之气会于膻中也。唯此宗气，主呼吸而行脉道，于营气，则曰："营气者，乃阴精之气也，即宗气之所统。犹太极之分而为阴也。"此气始于手太阴而复会于手太阴，而行昼行夜，十二经之阴阳皆历焉。所谓太阴主内者此也。于卫气，则曰，卫气者，阳精之气也。亦宗气之所统，犹太极之分而为阳也。"此气始于足太阳而复会于足太阳，引《灵枢·岁露篇》曰："卫

---

① 大气即宗气，气海即膻中。

② 内有温养五脏六腑之功能，在外有温养肌肉、润泽皮肤、滋养腠理、启闭汗孔等作用。

气一日一夜常大会于风府。"风府者，足太阳督脉阳维之会，所谓太阳主外者此也。盖营气行阳行阴，主昼夜言；卫气行阴行阳，主阳经阴经言。营气之行于昼者，阳经中有阴经；行于夜者，阴经中有阳经。故行阴行阳，主昼夜言之。卫气则昼必止行于阳（行三阳经也），夜必止行于阴（行三阴经也），是阴阳不指昼夜言也。又谓《灵枢·五十营》等篇："言气脉流行，自手太阴而始，至足厥阴而终，循环不已。"凡此非精究经旨，融会脉络，苦心积累不能也。学者须深体会之，方可明其究竟也。

至于太极拳太极功中之气功，端赖呼吸以行之，若不明呼吸之所以然，则运用行功之时，无所适从，故深论之。呼吸者，即先天太极之动静，人一身之原气也①。有生之初，即有此气，默运于中，流动不息，然后脏腑行所司而行焉！《难经》曰："肾间动气者，五脏六腑之本，十二经脉之根，呼吸之门，《经》谓肺出气，出此也；肾纳气，纳此也。谓呼在肺而吸在肾者，盖肺高肾下，犹天地。"故滑伯仁曰："肺主呼吸，天道也（此呼吸乃口鼻之呼吸，指谷气而言也）。肾司阖辟，地道也此阖辟乃真息（指原气而言也）。"《灵枢》曰："五谷入于胃也，其糟粕、津液分为三隧，故宗气积于胸中，出于喉咙，以贯心脉，而行呼吸（行，犹承行）。"此指后天谷气而言，谓呼吸资宗气以行，非谓呼吸属宗气也。何者？人一离母腹时，便有此呼吸，不待于谷气而后有也。虽然，原气使无宗气积而养之，则日馁而瘁，呼吸何赖以行？故平人绝谷七日而死者，以水谷俱尽，脏腑无所充养受气也。然必待七日乃死，未若呼吸绝而死之速也。以是呼吸者，根于原气，不可须臾离也。宗气如《难经》"一难"之义，原气如《难经》"八难"之义，原气言体，谷气言用也。滑伯仁曰："三焦始于原气，用于中脘，散于膻中，上焦主内而不出，下焦主出而不内，其内其出

---

① 即两肾间动气。

皆系中焦之腐熟，用于中焦之为义，其可见矣。"

由是可知，宗气者，先天真一之气，流行百脉，贯穿脏腑，所谓气为血帅，血随气行者，即此气也。太极拳之气功之所以能气分阴阳，机先动静者，端赖宗气之锻炼，故宗气既明，内景洞澈，人体一气流行，顺而行之，则百病不生，延年益寿不期然而然，故宗气尚焉。

再就呼吸言之，不论其为胸呼吸、腹呼吸、外呼吸、内呼吸、正呼吸、反呼吸以及皮肤呼吸等，欲其流畅不滞，舍宗气之充足，无以完成其任务，故宗气之为用亦大矣哉！学者可不加之意乎？

太极拳之气功以宗气为主，气能随我所运，渐而达到听我使用之效，故能运能使，方为太极功气功之目的，否则气功何需锻炼哉？当太极拳初练气功时，并无任何感觉，只觉练习后，身体略感轻快耳。练至相当之时日，则腹内肠胃略有肠鸣，渐至有如龙吟虎啸之势，此时坚持锻炼，持之以恒，则阴阳分，顺逆匀，盈虚消长渐能掌握，所谓气分阴阳者此也。

然后培其元气，守其中气，保其正气，护其肾气，养其肝气，调其肺气，理其脾气，闭其邪恶不正之气，勿伤于气，勿逆于气，勿忧思悲怒以颓其气。升其清气，降其浊气，使气清而平，平而和，和而畅达，能行于筋，串于膜，以至通身灵动，无处不行，无处不到。气至则膜起，气行则膜张，能起能张，则膜与筋齐坚固矣。然后自然气由内脏到分肉，由分肉到腠理，由腠理到皮肤，由皮肤到毛孔，所谓太极拳之气能全体发之于毛者即指此也。然后再能延长出来，使这种气达到（推手时）对方之身体，而且使这种气跟对方之气结合到一起，来指挥对方之呼吸，这就是我们所说的太极拳的气功。

如能加意陶冶，融会贯通，则能内实脏腑，外坚腠理，精满、气充、神全。气周流于人体之内外，内维脏腑之平衡，外防六气之侵袭，故习练太极拳能增强体质，推迟衰老，永葆青春，健康长寿。

学者果能细心研究之，又能持之以恒，则获益之处，岂浅鲜哉，是为论。

甲子冬，百岁老人，吴图南著于首都。

# 太极拳用架序稿

昔闻少侯先生言："其祖父露蝉先生曾云：'太极拳有体用之分，有大方舒展、玲珑紧凑之别，无论盘拳、打手（即推手）、应用散手等，均以此区分造诣之深浅。虽引人体禀赋之不同，智慧高低之不同，练拳久暂之不同，功夫纯杂之不同，教者均用不同之方法，因材施教。虽学习时间有先后，因体会领悟深浅故所得不一。若为锻炼身体、却老延年、达到养生长寿之目的，教以练架（即一般流行架）；非有相当体质，方可教以用架。'"亦时，予已从鑑泉先生学太极拳练架有年，自诩造诣颇深，当时虽听之，不以为然，其后少侯先生慨然以用架相教，开始练习，顿悟不同于前所学者也。其学首重轻灵神速、活泼玲珑、稳脆鼓荡、恰巧准确、抑扬顿挫、进退抽添、牵动往来、刚柔相济、开合折叠、提放并用、离粘凌空、应物自然、变化万端、起止难测。回忆向之以轻灵自诩者，实则笨重迟滞不堪耳，良可叹也。始解少侯先生之所以魁俊当时，为太极拳之权威者，不有用架为基础，何可臻此？虽然，若无以往从学鑑泉先生，且有八载纯功，又焉能接受而有此体会哉！因初步自拟十字诀（准、是、稳、脆、真、恰、巧、变、改、整）以佐记忆，虽不能说明用架全豹，亦当时一小体会耳。

练习既久，渐觉动作短小、轻快异常、举止灵敏、趣味环生、易学难工，真有望洋兴叹之慨。每学一势，首先探索每势命名之原意与套路中重复出现次数之多少。次及于每势动作变化之形势，手足身法之特点，内外之联系，用着、用劲相互转化之原理，渐得其规律。因悟其纵横曲直、反复相生，虽多变化，要在看得玲珑活泼、无所拘泥、无所不可，则无所不通耳，实由于着法精熟、劲路已明、运气随心、凌空渐通所至也。

运劲发劲之理，刚柔动静变化之机，若能全面，则全身无一处不灵活、无一处不坚韧、无一处不沉固、无一处不顺遂，通体贯串、丝毫无间，自然心悟意静、变化环生。故着者，研究方法者也；劲者，研究变化者也。方法有时而穷尽，变化如环之无端。故用架之用劲之法，多发挥较练架之奇；斤斤一技之得，于着法之切磋者，真有高下之别也。

然后细心体会、切意探讨、凌空抖搂、哼哈呼吸、钩挂抖弹、点击推按、分摆踢蹬、踏踩销勾、进退拟合、截络拿脉、抓筋闭穴、荡气封喉、啄劈碰搓、吸引拿放，对于推手八法、步法五方，尤须精湛。反骨关节锻炼正当，发劲轻脆，豁然有声，此其外形也。

至于接手镝劲，虚实离空并用。内以气先劲后，相互吸引，意与神合，所谓神满气足、遂心所欲。全体气力发之于毛，斯为上乘。所谓不用顾盼拟合，信手而应，纵横前后，悉逢肯綮，用架之功完成大半矣。

气犹水也，拳犹浮物也，水大而气之浮者，大小毕浮，气之于拳犹是也。气盛，则拳之长短与姿势高下者皆宜。韩退之云："无望其速成，无诱于势利，养其根而俟其实，加其膏而希其光，根之茂者其实遂，膏之沃者其光晔。"此之谓也。虽然，不可以不养。"气"，体之充也，内养吾浩然之气（所谓浩然者，盛大流行之貌）。气之谓体之充者，本自浩然，失养故馁，为善养者，以复其初也。久之，志一意静，心不妄动，其为气也，至大至刚充塞乎人体之间。夫所谓内以善养者，盖内气能否善养，则操之于我。立志坚定，则气不妄动，心神合一，则达到精气充而神静。所谓至大者，初无限量，至刚者，不可屈挠。本人身之正气，人得之以生者，能善养之，则体健身轻，益寿延年，能达到长寿之目的。外以直养而无害者，盖因外气易动，动则牵动内气，实由外来之刺激，有以至之，非因于我也，故以直养为宜耳。所谓外气以直养者，是本体不亏，而充塞无间矣。直养非有相当之修养，殊难奏效。内外本来相交培养，方可有济，然后由于精气之充，发为作用—神全—立志—恒—静—气—拳。其发之于拳，自然举止灵敏、动作迅速、进退拟合、无往不利、舍己从人、应物自然、全身透空、因敌变化。实因内具百折不回之毅力，万夫不当之勇气，表里相固，其神全也。故太极拳用架之为用，全搏精足气盛而神全。内增毅力勇气，外具全神之笼罩，神形合一，勇决不馁，此太极拳用架别乎练架。

且太极拳之用架首重其势。"势者"，力之奋发也，作势是也。平素之练，俨然以应敌，应敌而出，不远不近、不先不后、适中其节。节者，一定之度数也，而以中节为贵，是有势存焉。长则谓势险，短则谓节短，方殊而强则一。然猛兽将势必伏形，鸷鸟将击必敛翼，将用其势也。正所谓孙子"短险之势"矣。其言曰："激水之疾，至于漂石者，势也；鸷鸟之疾，至于毁折者，节也。故善战者，其势险，其节短。"善险者，峻气之意；短者，促迫之候。险则气盛，而其发也暴；短则力全，而其应也速。故虎之势物，一蹴而至，鸷之击物，一掷而下。就拳斗者观之，退及而迫之者，凡手拳必重，是以势险节短之理也。又曰势如扩弩（弩满张），节如发机，弩张之满则矢劲，牙发之审则矢亲。兵势以短，言险主于力，故如弩张。兵节之短，言短主于中，故发牙也。此明险短二字之意。盖养气蓄力谓之险，敌近而击谓之短。险者，敌不能挡；短者，敌不能避。尚使敌兵未至，犹在百步之外，兵奔趋以赴之，不■气遗[1]，力微不能穿鲁缟。太极拳用架，以势破竹，善能致人。近而使之远，远而使之近，引之使来，就吾之势节也。太极拳用架，其妙在于熟，熟能生巧，熟则心能忘手，圆活不滞。又贵于静，静则心不妄动，而能裕如，变幻莫测，神

———————————————

① ■为抄写时辨认不清的字。结合前文，"不■气遗"有"不免有气遗势尽，强弩之末"之意。

妙无穷。有虚实、有正奇，有进锐、有退速，其势险、其节短；不动如山，动若雷霆。法欲简，立欲疏（松静之意），非简无以解乱之纠，非疏无以腾挪进退。左右（指手足）相倚，则得以舒其气、展其能，而不至于奔溃，兵法云："气盈则战""气夺则避"是也。太极拳用架，立身中正、不偏不倚，当发即发、不可迟疑。前手居于中线，来得紧、去得硬（冷脆之意），不遮不架是个空，前手护住全身，左右移动，不可失半尺之径。盖人身侧形，不过七八寸耳，挥出半尺，即不及我身膊也；倘彼手开远，我力已尽，有何益哉？一艺之精，其难解有如此者。虽然，此不过指太极拳用架之着，而言着者，方法也。太极拳用架，必须经过此一途径。求之今日，能将太极拳各势之应用以及八法五步一一运用纯熟者，已不多见。故云："夫论一势之得失，谈一着之当否，即以为悠然自得者，在练习太极拳用架过程中，品斯下也。"此之谓也。

太极拳用架之目的在于舍"着"练"劲"。劲之研究有二：一在解悟，一在乎练。劲运用纯熟，转换为着。着运用纯熟，则不能转换为劲，原因在于着为外形有定势，劲为在内无定势。为研究劲路之变化，通过一定时间体会，自然得出一种规律，亦是研究运动发劲之理、刚柔动静之机之学也。运用规律应然有余，因此认为：劲之变化循环无端，再通过渐悟之途径，能达到愈练愈精、舍己从人之目的。至于练劲之方法，因人而异，随其所好，各有不同。有喜变化者，而练习化劲之方法；有喜发人者，即练习提放之方法。诸如此类，亦在练者之自择耳。则初学练架时，入手当以慢为主，原因是学太极拳者，必须经过换劲之过程。换劲者，即将本身之拙力，变而为轻灵活泼之力，姿势正确，动中求得。然此不过是练习太极拳中之一阶段。有以愈慢愈佳、愈无力愈佳，并以为能者，殊失太极拳之原有意义，以讹传讹，实堪慨叹！练太极拳用架之后，感觉到练架颇为笨重，实无丝毫轻灵之感，原因是太极拳用架为个中秘，师弟相传，代不数人。用架以劲为主，凌空至极，进退转换，迅速异常，求之今日，几成绝响。著者承少侯先生知遇，慨然相授。虽不敏而有闻，不敢自秘，约而言之。

# 参考资料

## 专著

吴图南. 科学化的国术太极拳. 上海：商务印书馆，1931.

吴图南. 太极拳. 上海：商务印书馆，1957.

吴图南. 内家拳太极功玄玄刀. 上海：商务印书馆，1934.

吴图南. 太极剑. 上海：商务印书馆，1935.

吴图南. 国术概论. 上海：商务印书馆，1938.

吴图南. 太极拳之研究. 马有青，编著. 香港：商务印书馆香港分馆，1984.

吴图南. 吴图南太极拳精髓. 北京：人民体育出版社，1991.

李红毅. 百岁老人长寿健康纪实. 北京：中国医药科技出版社，1987.

姚思廉. 陈书. 北京：中华书局，1972.

脱脱等. 宋史. 北京：中华书局，1997.

张廷玉. 明史. 北京：中华书局，1974.

赵尔巽. 清史稿. 北京：中华书局，1977.

吴图南. 中国传统武术丛书. 北京：中国书店，1984.

## 录音与报告

吴图南. 长寿学与太极拳（北京外国语学院报告录音）. ［1981-6-8］.

吴图南. 太极拳历代名家造诣（1~5 集讲授录音）. ［1982.5］.

吴图南. 内脏修补术（讲授录音）. ［1982.6］.

吴图南. 太极拳讲座（北京外国语学院日本汉语暑期进修班讲话录音）. ［1982-8-16］.

吴图南. 太极拳用架（北京天文馆讲授录音）. ［1982］.

吴图南. 太极拳与体疗（北京中医学院报告录音）. ［1982-7-19］.

吴图南. 养生长寿与太极拳（中国民主同盟北京市委员会大会报告录音）. ［1983］.

吴图南. 长寿学之研究（北京文史研究馆报告）. ［1983］.

**期刊与报纸**

新闻电影. 文化艺术出版社, 1982, 6.

中华武术. 人民体育出版社, 1991（7）.

武林. 科学普及出版社广州分社, 1983—1984,（16.23.35）.

祝你健康. 江苏科技出版社, 1981,（9）.

科学与气功. 气功与科学杂志社, 1983,（7）.

体育报. ［1985-11-19, 1985-12-16］.

北京日报. ［1985-7-8］.

人文武术精品书系
北京科学技术出版社

武学名家典籍丛书

| 杨澄甫武学辑注<br>《太极拳使用法》《太极拳体用全书》 | 杨澄甫 著<br>邵奇青 校注 |
|---|---|
| 孙禄堂武学集注<br>《形意拳学》《八卦拳学》《太极拳学》<br>《八卦剑学》《拳意述真》 | 孙禄堂 著<br>孙婉容 校注 |
| 陈微明武学辑注<br>《太极拳术》《太极剑》《太极答问》 | 陈微明 著<br>二水居士 校注 |
| 薛颠武学辑注<br>《形意拳术讲义上编》《形意拳术讲义下编》<br>《象形拳法真诠》《灵空禅师点穴秘诀》 | 薛 颠 著<br>王银辉 校注 |
| 陈鑫陈氏太极拳图说（配光盘） | 陈 鑫 著 陈东山 陈晓龙 陈向武 校注 |
| 李存义武学辑注<br>《岳氏意拳五行精义》<br>《岳氏意拳十二形精义》《三十六剑谱》 | 李存义 著<br>阎伯群 李洪钟 校注 |
| 董英杰太极拳释义 | 董英杰 著 杨志英 校注 |
| 刘殿琛形意拳术抉微 | 刘殿琛 著 王银辉 校注 |
| 李剑秋形意拳术 | 李剑秋 著 王银辉 校注 |
| 许禹生武学辑注<br>《太极拳势图解》<br>《陈氏太极拳第五路·少林十二式》 | 许禹生 著<br>唐才良 校注 |
| 张占魁形意武术教科书 | 张占魁 著 王银辉 吴占良 校注 |
| 王茂斋太极功 | 季培刚 辑校 |
| 太极拳正宗 | 杜元化 著 王海洲 点校 |
| 太极拳图谱（光绪戊申陈鑫抄本） | 陈鑫 著 王海洲 藏 |
| 陈金鳌传陈式太极拳暨手抄陈鑫老谱 | 陈金鳌 编著 陈凤英 收藏<br>吴颖锋 薛奇英 点校 |
| 黄元秀武学辑录<br>《太极要义》《武当剑法大要》<br>《武术丛谈续编》 | 黄元秀 编著<br>崔虎刚 点校 |

## 武学古籍新注丛书

| | |
|---|---|
| 王宗岳太极拳论 | 李亦畬 著 二水居士 校注 |
| 太极功源流支派论 | 宋书铭 著 二水居士 校注 |
| 太极法说 | 二水居士 校注 |
| 手战之道 | 赵晔 沈一贯 唐顺之 何良臣 戚继光 黄百家 黄宗羲 著 王小兵 校注 |

## 百家功夫丛书

| | |
|---|---|
| 张策传杨班侯太极拳108式（配光盘） | 张喆 著 韩宝顺 整理 |
| 河南心意六合拳（配光盘） | 李洳波 李建鹏 著 |
| 形意八卦拳 | 贾保寿 著 武大伟 整理 |
| 王映海传戴氏心意拳精要（配光盘） | 王映海 口述 王喜成 主编 |
| 张鸿庆传形意拳练用法释秘 | 邵义会 著 |
| 华岳心意六合八法拳 | 张长信 著 |
| 戴氏心意拳功理秘技 | 王毅 编著 |
| 传统吴氏太极拳入门诀要（配光盘） | 张全亮 著 |
| 吴式太极拳八法（配光盘） | 张全亮 马永兰 著 |
| 拳疗百病——39式杨氏养生太极拳（配光盘） | 戈金刚 戈美葳 著 |
| 非视觉太极——太极拳劲意图解 | 万周迎 著 |
| 轻敲太极门——太极拳理法与势法 | 万周迎 著 |
| 冯志强混元太极拳48式 | 冯志强 编著 冯秀芳 冯秀茜 助编 |
| 刘晚苍传内家功夫与手抄老谱 | 刘晚苍 刘光鼎 刘培俊 著 |
| 赵堡太极拳拳理拳法秘笈 | 王海洲 著 |
| 京东程式八卦掌 | 奎恩凤 著 |
| 功夫架——太极拳实用训练 | 朱利尧 著 |
| 道宗九宫八卦拳 | 杨树藩 著 |
| 三十七式太极拳劲意直指 | 张耀忠 张林 厉勇 著 |
| 说手——太极拳静思录（全四卷） | 赵泽仁 张云 著 |
| 太极拳心法体用——验证与释秘 | 宋保年 杨光 编著 |
| 宋氏形意拳及内功四经精解 | 车润田 著 车铭君 车强 编著 |
| 陈式太极拳第二路——炮捶 | 顾留馨 著 |
| 孙式太极拳心解：三十年道功修习体悟 | 张大辉 著 |
| 王文魁传程氏八卦掌精要 | 王雪松 编著 |
| 吴式太极拳三十七式诠真 | 王培生 著 |
| 鞭杆拳技法与健身 | 毛明春 毛子木 著 |
| 龙形八卦掌 | 邵义会 著 |
| 太极功集粹 | 吴图南 章学楷 编著 |